45 YEARS
in Wall Street

江恩华尔街45年
（专业解读版）

【美】威廉·D.江恩（William D.Gann）著

段会青 袁熙 译　袁熙 点评

人民邮电出版社

北　京

图书在版编目（CIP）数据

江恩华尔街 45 年：专业解读版／（美）江恩
（Gann, W. D.）著；段会青，袁熙译 . —北京：人民邮
电出版社，2015.4
　　ISBN 978-7-115-38664-9

Ⅰ.①江…　Ⅱ.①江…②段…③袁…　Ⅲ.①股票投
资—基本知识　Ⅳ.①F830.91

中国版本图书馆 CIP 数据核字（2015）第 043605 号

内 容 提 要

　　本书是投资大师江恩一生投资经验和理念的总结之作。江恩在本书中重新整理和
总结了体现他一生投资智慧的 12 项投资规则和 24 条投资法则。通过回顾 45 年中股
市起起落落的每个细节，江恩细致讲解了如何将这些规则与分析方法运用于日常的趋
势研判和交易决策中。

　　本书几乎涵盖了江恩此前作品的所有核心理论和观点，是学习和掌握江恩股市周
期趋势理论的必读之作，也是投资者提升自身技术分析水平的经典必读书。

◆　　　著　　【美】威廉·D. 江恩（William D. Gann）
　　　　　　译　　段会青　袁　熙
　　　　责任编辑　王飞龙
　　　　责任印制　焦志炜

◆　人民邮电出版社出版发行　　北京市丰台区成寿寺路 11 号
　　邮编　100164　　电子邮件　315@ ptpress. com. cn
　　网址　http://www. ptpress. com. cn
　　北京天宇星印刷厂印刷

◆　开本：700×1000　1/16
　　印张：13. 5　　　　　　　　2015 年 4 月第 1 版
　　字数：92 千字　　　　　　 2025 年 9 月北京第 39 次印刷

定　价：49.00 元
读者服务热线：（010）81055656　印装质量热线：（010）81055316
反盗版热线：（010）81055315

译者序

先贤孟子尝言:"颂其诗,读其书,不知其人,可乎?"

显然,在一个资讯爆炸、信息蜂拥而至的时代,阅读一本书,如果不知著书之人,那么就可能由于时代久远、断章取义而误解或曲解作者本意,甚或误入歧途、走火入魔,这绝非危言耸听。

江恩何许人也?何德何能?非于今日中国股市风云变幻中需要我辈悉心拜读其60多年前的旧作,今人依旧难展笑,旧人何来争风头。

江恩是二十世纪最著名的投资家之一,其在股票和期货市场上的骄人成绩至今无人可比,他所创造的把时间与价格完美结合起来的理论,至今仍为投资界人士所津津乐道,备受推崇。1909年10月,美国 *The Ticket and Investment Digest* 杂志编辑里查德·维卡夫(Richard. Wyckoff)曾对江恩做过一次实地访问,在访谈中,江恩表示,他相信股票、期货市场里也存在着宇宙中的自然规则,市场的价格运行趋势不是杂乱的,而是可以通过数学方法预测的。江恩的数学方程并不复杂,实质就是价格运动必然会遵守支撑线和阻力线的趋势,也就是——江恩线理论。

在股市操作中,说得比做得好的大有人在,但说得和做得一样好的则屈指可数,后者中,江恩算是一个,而且是传奇的一个。

江恩于 1878 年 6 月 6 日出生在美国得克萨斯州路芙根（Lufkin）的一个爱尔兰裔移民家庭。他的父亲山姆·休斯顿·江恩和母亲苏珊·R. 江恩都是虔诚的基督教徒，因此江恩从小就在浓厚的基督教氛围中长大，熟读《圣经》。他宣称，自己是在《圣经》中发现了市场循环理论。江恩是家中长子，由于家境贫寒、弟妹众多，只有十几岁的江恩便在火车上贩卖香烟、报纸。随后江恩进入了期货行业，开始了自己的投资生涯。

江恩最为人瞩目的故事是 1909 年 10 月在《股票行情和投资》杂志工作人员的监察下，在 25 个市场交易日中共进行了 286 次交易，平均 20 分钟 1 次，其中，有 264 次获利，只有 22 次有损失，获利率竟达 92.3%。

还有一次，江恩的朋友回忆，江恩预测 1909 年 9 月小麦期货合约价格将会达到 1.20 美元。但直到 9 月 30 日 12 时，该期货合约的价格仍然在 1.08 美元之下徘徊，江恩的预测眼看就要落空。江恩坚定地说："如果今日收市时达不到 1.20 美元，将表示我整套分析方法都有错误。不管现在是什么价，小麦期货合约一定会达到 1.20 美元。"结果，在收市前一小时，小麦期货合约价格冲上 1.20 美元，震动了整个市场，该合约价格不偏不倚，正好在 1.20 美元收市，江恩的预测精准到位。

江恩在 1928 年 11 月 3 日出版的第二年展望中，预言了 1929 年的股市大崩盘，1929 年 10 月 29 日道琼斯指数一天下跌了 23%，引发了世界性的经济危机。

当然，江恩的理论在众多市场分析理论中独树一帜，但对于绝大多数投资者而言，他的理论晦涩难懂而又高深莫测，尤其大量数学工具的运用，给江恩的理论设定了较高的进入门槛。但只要用心探求，我们总会发现他留下的许多理论，比如时间周期理论、股价百分比支撑位理论，其实都是来自自然法则，完全可以为普通人所理解和掌握。不过，中国人喜欢"深入浅出"，于是乎江恩在几近耄耋之年的这部巨著《江恩华尔街45年》，就成了一位历经股市风云、时代变幻的老人对于后来者的谆谆教诲和悉心指导。这部书没有过多的晦涩理论，没有复杂的数学公式，没有精深的分析演算，一切犹如老师、朋友一般的细语慢述。

列位读者，欲知江恩究竟如何告知我们股市秘籍，待我们细细读下去。

前言

1910 年，在朋友的邀请下，我写了一本名为《投资：有利可图的职业》（*Speculation a Profitable Profession*）的小册子，书中总结了帮助我在股市交易中获得成功的一些秘籍。

1923 年，我写作了《江恩股市操盘术》（*Truth of the Stock Tape*），希冀可以助投机者和交易者一臂之力。该书一经面世，广受好评，被视为我的代表作。从大量的读者感谢信来看，这本书起到了正面的作用。在 1929 年大恐慌被我言中后，不断有人希望我可以再出新作以为后续。1930 年，我出版了《华尔街选股术》（*Wall Street Stock Tape*），与读者们一道分享了 1923 年以后我的股市操作新手法。在书中，我预言股市将出现"投资者恐慌"——这将是史无前例的大恐慌，结果，一场延续到 1932 年 7 月才结束的大恐慌不幸被言中，一些股票价格跌至过去四五十年以来的历史低位。

1932 年大恐慌后的反弹中，很多人靠我的秘籍赚得盆满钵盈。

1935 年，青睐有加的读者要求我再写作一本新书，我给予的回应是，在 1935 年下半年出版了我的第三本书《江恩股市趋势理论》（*New Stock Trend Detector*），将我的经验和探索出的实用新法则尽收其中，以飨读者。

1935 年以来，股市风云变幻，市场经历了我预测的 1937 年大恐慌。这轮下跌在 1938 年 3 月才告一段落。随后的一轮弱牛市一直持续到当年的 11 月 10 日。

1939 年 9 月 1 日，第二次世界大战爆发。之后，美国于 1941 年 12 月参战。卷入战争让美国股市经历了更大规模的套现，平均指数于 1942 年 4 月 20 日到达了最低点，很多股票的价格比 1938 年的低点还要低，甚至达到了 1932 年以来的最低点。

从 1942 年的最低点开始，一轮反弹如期而至，一直持续到 1945 年 8 月对日作战结束。

1946 年 5 月 29 日，股市到达了 1929 年以来的最高点。我总结的规则和做出的预测准确指明了这轮涨势的最高点位，随后的大幅下跌持续到了 1946 年 10 月 30 日，那时股市到达了这一轮下跌的最低点。

从我写作上一本书到现在已经过去 14 年了。通过实战，我的股票知识愈加丰富。世事无常，对经济大萧条和股市暴跌，投资者和交易员总是感到茫然无措。很多读者致信希望我再推新作。怀着济世之心，我撰写了《江恩华尔街 45 年》（*45 Years in Wall Street*），为读者呈现我的经验和新发现，以求在困难时期为他人提供帮助。我现在已经 72 岁了，功名如浮云、富贵置身外。因此，我撰写本书的唯一目的就是奉献给他人最有价值的礼物——知识！如果有人因此寻得安全投资之法，我的初衷就达到了，而读者的满意就是对我的褒奖。

目　录

很多人来函问询本章标题的这个问题，我的答案是"不"。环境的改变让市场行为也变化了，如能正确选股的话，现在仍然可以赚到很多钱。政府通过各种法律规范股市交易并提高保证金，《所得税法》让长期投资更受欢迎，因为这样可以避税。由于股票价格在短期内波动很大，短线投机不再保险，在交易室盯盘不再流行，通过绘制走势图并加以研究才会使你获利。

投身股市之始，你要想不赔钱，就要用心学好相关的知识。许多投资者盲目进入股市，在损失大部分本金后才意识到，进行交易前是有必要做一段时间的准备工作的。我用自己在股市中 45 年的经验总结的这些成功投资的规则若能为你所用，将使你大受裨益。

我将道琼斯 30 种工业股平均指数作为趋势指标,一方面是因为道氏理论(Dow Theory)极为完善,另一方面是因为平均指数的确可以反映大多数个股的趋势。

股票的走势会受季节性变化的影响,而且股价会在牛市尾声的某个月份,或在一轮大行情或小行情尾声的某个月份创出新高,所以回顾过往重要行情结束时出现过高点的月份十分重要。

1949 年 6 月 14 日,道琼斯 30 种工业股平均指数跌至 160.62 点,但在本书编撰过程中,平均指数在 1949 年 7 月 19 日时已经涨到了 175 点,假定 1949 年 6 月 14 日是最低点和一轮牛市的起点,比较以往在 6 月份出现的最低点以及市场随后的运动,我们可以窥见市场未来走势的方向。

本章是《江恩股市趋势理论》的延续,将对成交量的研究延展到 1949 年 6 月 30 日。

道琼斯30种工业股平均指数从1946年的最高点下跌25%时，有些个股已经从1945年和1946年录得的高点下跌了75%～90%。股市的走势会先于经济周期6个月或以上。经济萧条时期，股市还会上涨吗？或许可以，这在过去已然出现，未来仍将出现。

第一章

现在会比 1932 年前更难获利吗

很多人来函问询本章标题的这个问题，我的答案是"不"。环境的改变让市场行为也变化了，如能正确选股的话，现在仍然可以赚到很多钱。政府通过各种法律规范股市交易并提高保证金，《所得税法》让长期投资更受欢迎，因为这样可以避税。由于股票价格在短期内波动很大，短线投机不再保险，在交易室盯盘不再流行，通过绘制走势图并加以研究才会使你获利。

上市已久的股票往往陷于"滞涨"，这对于期望短期获利的人来说没什么好处，股价高于 100 美元且宽幅振荡的股票已经越来越少。

1949 年 6 月 14 日，股市创出新低，当时有大约 1100 支股票在进行交易。有 112 支股票价格超过 100 美元/股。其中有许多是投资者持有的优先股，这类股票的振幅在收窄。同一天，有 315 支股票价格低于 20 美元/股，202 支股票价格低于 10 美元/股，有 83 支股票价格低于 5 美元/股，三者共有 600 支，或者可以说超过总数 50% 的股票价格低于 20 美元/股，对于这么多在低价交易的股票，你可以通过长线持有来赚钱。

20 世纪 40 年代末，很多高价股通过分红拆股把股价压低，因此出现了越来越多的低价股。

同样的资本获得更大的收益

和几年前相比，现在我们可以依靠同样的股本获取更多的利润。比如，买入某支卖 100 美元/股的股票 100 股，你需要支付 10 000 美元。如果你用 50% 的保证金买进这 100 股股票，且股票上涨 10 个点（point）[①]，那么盈利是 1000 美元，对于自有资本来说，增值幅度是 20%。如果以 50% 的保证金买入 1000 股 10 美元/股的股票，这同样需要自有资本 5000 美元，这支股票上涨 5 个点，你就能获利 5000 美元，这样资金增值就是 100%。如今市场上有如此多升值前景良好的低价股，投资者还是有机会快速盈利的。

成交量萎靡

纽约证券交易所近年来的股票交易量萎靡不振，这是因为越来越多的投资者买入股票并长期持有。自《证券交易管理条例》颁布以来，集合资金或操纵股价的现象销声匿迹，尽管这并不意味着今后不会再有大

---

① 需要说明的是，在当时的美股当中，1 个点（point）通常指 1 美元。　　　——译者注

牛市或是大涨势。随着时间的推移，大批股票逐渐汇集到长期持有的投资者手中，股票的流动性趋缓。因此，当有突发事件刺激市场时，新股民会蜂拥而至，但买家会发现市场上流通股稀少，从而将股价推高。股价越高，投资者购买股票的热情就越高，这是司空见惯的事。在牛市末期常可见人们蜂拥入市推高股价，在华尔街，历史在不断重演，昔日总会重现。

1946 年 1 月，美国政府出台了一项规定，要求人们购买股票时需要缴纳 100% 的保证金，换句话说，就是要全额付清。那时的股市正在高位运行，已持续上涨了三年半。政府颁布此项规定能否压制人们购买股票的热情呢？答案是不能。道琼斯工业股平均指数（以下简称"平均指数"）上涨了 20 多点，直到 1946 年 5 月 29 日，股市达到最高点。这证明，只要人们的购买意愿十足，政府就很难抑制股价走高。许多投资者相信政府采取这样的行动是因为其认为失去了对股市的控制，这样反而促使投资者无视保证金的要求，更加积极地购买股票。根据我的经验，只要时间周期处在上升趋势，那么什么也阻挡不了市场的涨势；而只要时间周期处在下降趋势，那么什么也阻挡不了市场的跌势。这就可以解释为什么股票可以因利空消息而上涨，因利多消息而下跌。

1949 年 3 月，政府将股票交易的保证金下调到了 50%。许多人认为这是个特大利好消息，可以引发一轮大牛市，但事实并非如此。股市经历了两天反弹，达到 3 月 30 日的高点后掉头下跌，截至 6 月 14 日，平均指数已下跌 18 个点。平均指数下跌是因为趋势已经向下，而且下跌的时间周期尚未结束。

股市走势

近些年来，股市走势比较复杂，股票涨跌互见，这是因为不同行业中股票的具体表现不尽相同、若投资者每月绘制一张股市走势图，加以对比分析，并把我总结的规则加以运用，就可以在股市的千变万化中找到运行趋势。

为何你会在股市赔钱，该如何将损失夺回来

为什么大多数投资者会亏损？主要原因有三。

1. 对于他们的资本而言，他们的交易或买卖频率过高。

2. 没有设置止损点来控制亏损。

3. 缺乏足够的知识，这是最重要的原因。

许多投资者因为相信能从股票上涨中获利而盲目入市。他们打探小道消息，或人云亦云，而并不具备关于股市趋势分析的相关知识。因此，他们常常在错误的时间入市，后来，他们因担心股价跌势继续而在低位附近卖出股票。显然，他们犯了两个错误：在错误的时间入市和在错误的时间卖出。第二个错误本可以避免，那就是在犯下第一个错误后，他们可以选择一个好时机脱身。他们没有意识到，操作股票或大宗商品期

货和工程学或医学专业一样是一门学问、一项职业。

为什么需要学会判断市场趋势

跟大多数投资者一样，你也可以依靠市场评论来选股，但市场评论推荐的股票鱼龙混杂，你很有可能选择了错误的那支股票而因此赔钱。聪明的投资者不会盲从他人，即使他人是正确的。因为当不了解别人的投资建议是否可行时，你是不可能有信心据此操作的。只有当你自己清楚地了解股票上涨或下跌的趋势时，才能有底气入市获利。

这就是你为什么应当研究我总结的所有规则，并亲手绘制股市走势图以及平均指数走势图的原因。如果你这样做，那么你将掌握股市时间周期的规律，了解市场运行趋势，从此不再受制于他人的意见而独立进行操作。

专家解读

股市之大，浩如烟海；股市之小，方寸之间。瞬息万变，尽在汝心。

这不是禅宗的"机锋"、"棒喝"、"山水之辨"，阅读股市书籍，尤其是阅读曾经在股市上呼风唤雨、赚得盆满钵盈的投资精英或是天才投资家们的书籍，普通投资者想做的第一件事情大都是寻找四海皆准、无往不胜的"股市赚钱秘籍"，然而，越是大师的作品，似乎越是让人失望，他们总是四平八稳，娓娓道来的总是一些日常的大道理，但细细想来，普通的投资人和大师级的投资家之间的区别，不过就是这"大道理"，看似咫尺，实则天涯。

在这一章中，江恩其实就想说明一件事情，投资是一门可以学习、需要学习、必须学习、坚持学习的大事，胜利的法门只为努力学习者敞开，财富不是凭空而生、不是无源之水、不会无缘无故，只要你坚持学习，绝不会与你无缘。当你在投资过程中被贪婪、恐惧带来的盲目无措困扰时，是否想过该如何规避这种盲目性呢？从某种意义上说，只有在事前拥有充足的知识储备并做好合理的理财规划，在实际投资中始终保持冷静、实时审视投资行为与理财目标的偏差并进行修正和约束，才能保证在资本市场的洪流中不迷失方向。

学习的内容并不复杂：正确认识股市的趋势，学会分析股市的趋势，顺应股市趋势进行操作，在理解股市趋势的基础上买卖，在洞察股市风云的前提下止损。

正确认识股市的趋势——股市涨跌，看似无序，貌似"失控"，其实一切都有章可循。规律性的"运动"在股市比比皆是的，只要你可以将自己观察的视角拉长，对于股市的理解，既要有"特写"也要有"远焦"；既要看清个股，也要洞察宏观大势。如此，你的投资将无往而不利；反之，如果不能正确认识股市的趋势，你的投资即使小胜，也终将大败。

学会分析股市的趋势——江恩的时代没有大数据，但他的理念最好地解释了如何运用股市的数据分析股市的趋势和走向。他认为，理性投资者应该学会每月绘制一张股市走势图，加以分析，并把学习获得的关于股市的规律加以运用，这样就可以在股市的千变万化中找到运行趋势。

顺应股市趋势进行操作——巴菲特称："投资人可以试着将股票市场的波动当作是一位'市场先生'每天给你的报价。不管怎样，'市场先生'每天都会报个价格要买下你的股票或是将手中的股票卖给你。即使你们所共同拥有的合伙企业经营稳定、变化不大，'市场先生'每天还是会固定提出报价。同时'市场先生'有一个毛病，那就是他的情绪很不稳定，当他高兴时，往往只看到合伙企业好的一面，所以为了避免手中的股票被你买走，他会提出一个很高的价格，甚至想要从你手中买下你拥有的股票；但当他觉得沮丧时，眼中看到的只是这家企业的一堆问题，这时他会提出一个非常低的报价要把股票卖给你，因为他很怕你会将手中的股票塞给他。"这和江恩的表述如出一辙，别忘了，市场的涨跌不以人的意志为转移，但我们却可以提早认清它，这是我们唯一的机会，成败皆系于此。

在理解股市趋势的基础买卖——如果投资只是找到一个盈利能力持续增长、拥有经济"护城河"的好企业，那么，在股市上投资赚钱就容易多了。但事实上，除了要找到好的企业，还要在合适的时机以合适的价格买入。因为你买入股票的价格对你未来的投资回报至关重要。时机决定一切。如果买入股票的时机错误，你将不得不忍受很长一段时间的痛苦。

在洞察股市风云的前提下止损——毫无疑问，进入股市中的每一个人都是抱着赚钱的想法进来的，都想在股市中赚得更多。但股市变化无常，股价暴跌暴涨，可能使你本来获利的股票变成亏损。一旦操作错误，你的投资将付之东流。学会止损，学会接受自己可以承受的损失，不要把本金输光，留得青山在不怕没柴烧。

是的，洞悉股市，赚钱盈利，是我们炒股的唯一目的，谁也不愿意把自己辛辛苦苦挣来的真金白银统统输掉，不要在自己还不了解股市时就进入股市，但如果你已经身在股市，任何时候开始学习都永远不晚。

第二章

股市交易法则

投身股市之始，你要想不赔钱，就要用心学好相关的知识。许多投资者盲目进入股市，在损失大部分本金后才意识到，进行交易前是有必要做一段时间的准备工作的。我用自己在股市中45年的经验总结的这些成功投资的规则若能为你所用，将使你大受裨益。

首先你必须清楚，任何人做交易都是可能犯错的，但你必须学会如何纠正错误，方法就是通过设置止损点来控制风险，止损点可以比买入的价位低1、2或3个点，如果交易失误，止损单就可以让你自动卖出全部持股，并在企稳时重新入市。不要猜测，要按确定的规则，以及基于我总结的规则的明确预判来进行交易，这会让你有更多机会走向成功。

请熟读我在其他书中列举的所有规则和例子，并精研我在这本《江恩华尔街45年》中总结的12项规则和24条法则，细心学习，你必能从中受益。记住，你应时刻准备学习新的东西，而非一劳永逸；永远不要自认为通晓一切，若是如此，你就难有进步。因为时移势易，你应当学会改变。人的本性难移，这就是历史不断重复和市场在不同时期走势却极为相似的原因。

规则1：判断趋势

研判道琼斯30 种工业股平均指数、15 种公用事业股平均指数以及任何你要交易的股票群的平均指数的趋势，然后在这些股票群中挑选你要买卖的股票，并观察其趋势指标是否与平均指数一致。这是判断趋势的基本过程。在分析过程中，你应当使用平均指数的3 日图（3 - Day Chart）以及本书后面讲解的平均指数9 点转向图（9 - Point Average Swing Chart）。

规则2：在单底、双底和三重底买入

你可以在双底和三重底，或接近前一个底、顶或阻力位的单底买入。记住：当市场穿过前期的顶部之后反转向下，或者向上小幅突破时，那些本来是卖点的头或顶就成了底、支撑位或买点。在单顶、双顶或三重顶卖出时还要记得，当以前的顶被跌破若干个点后，市场再次反弹达到或接近这个位置时，就形成了一个卖点。做完一笔交易后，你应确定一个合适且安全的位置来设置止损点，并立刻将其交给你的经纪人。如果你不确定止损点的位置就不要交易。

注意：当平均指数或个股第四次涨到同一水平时，这不是合适的卖点，因为这时的走势几乎总是会继续向上突破；将这条规则反过来用在底部也一样，当股市第四次跌到同一水平时，它几乎总是要继续破位下行。

双头和双底的意义

平均指数的双头差距可以介于 3 至 5 个点之间。除了在极端情况下，大多数双头差距都在一两个点的范围内；双底如出一辙。如果几年前在相同的位置附近已经有过底，那么平均指数可能会跌破前底 4 至 5 个点，但这并不表示平均指数会走低，而是可能会形成一个双底或三重底。

个股通常会在 2 ~ 3 个点，有时 1 ~ 2 个点的范围内做双头；双底类似，个股或平均指数会在 2 ~ 3 个点——有时也会在比前一个底低 1 ~ 2 个点的范围内做双底。对个股的止盈点，根据股票的价格，应在比双头或三重头高 1 ~ 3 个点的范围内，止损点应设在比双底或三重底低 1 ~ 3 个点的位置。

平均指数或个股三次到达同一位置时，会出现三重头或三重底，这通常是安全的买卖点位，因为市场在离开三重头或三重底时会非常迅速。

规则 3：按百分比来买卖

当一支股票从高位下跌 50% 时买入，或当一支股票在低位反弹 50% 时卖出，前提是这些下跌或反弹处于某个趋势的行进过程中。你可利用平均指数的某个百分比、个股的某个百分比判断阻力位和买卖点。你可以使用 3% 至 5%，10% 至 12%，20% 至 25%，33% 至 37%，45% 至 50%，62% 至 67%，72% 至 78%，以及 85% 至 87% 这些百分比。最重要的阻力位是 50% 和 100%，以及 100% 的整数倍。（详见第四章）。

规则 4：按三周涨跌买卖

牛市中，可在 3 周的调整或下跌之后买入，因为这是牛市的平均调整时间；熊市中，如果趋势向下，可在大约为期 3 周的反弹之后卖出。

当市场上涨或下跌 30 天甚至更长时间后，你需要留心，下一个头部和底部会在大约 6 ~ 7 周后到来，这会是一个买卖点。当然，你还要根据阻力位设置止损点，以保护投资。如果市场反弹或下跌 45 ~ 49 天，下一轮头部或底部到来的时间周期大约是 60 ~ 65 天，这是熊市反弹和牛市调整的最长平均时间。

规则 5：市场阶段性运行

股市按 3 ~ 4 个阶段或波浪运行，当市场处于上行的第 1 阶段时，永远不要认为它已经到达了最终的头部。牛市一般会在到达头部前至少运行 3 个阶段，也可能是 4 个阶段。

在熊市或下跌市况中，当市场刚走完第 1 次下跌或第 1 阶段时，千万不要认为市场已到达底部，因为在熊市终结前，它会运行 3 个阶段，也可能是 4 个阶段。

规则6：按5~7点变化买卖

当个股出现5~7个点的波动时，宜买入或卖出。当市场处于强势时，个股调整一般都是5~7个点，很少会下跌9~10个点。通过研究道琼斯工业股平均指数，你会发现一次反弹或调整常常不足10个点。对于一般的买卖点位而言，10~12个点的反弹或下跌非常重要，值得重视。下一个需要关注的位置是从任何重要的头部或底部开始的18~21个点的涨跌。平均指数的这种表现常常昭示着一轮行情的结束。

何时获利了结？当你买入或卖空股票后，需要明晰何时获利了结。请按照我说的规则，在确定趋势变化前不要离场。

规则7：成交量

结合时间周期，研究纽约证券交易所的成交量，并研究本书有关成交量的章节中的要求。按本书给出的方法研究个股成交量，因为成交量有助于研判趋势变化。

规则8：时间周期

确定趋势变化时，时机和周期至关重要，因为时间周期可以使价格失衡，而且在特定的时点，成交量会放大并迫使股价走高或走低。

趋势变化的日期

股票市场指数和个股往往会呈现季节性调整的走势，这在不同的年份中也会有所差异，但只要了解重要的日期并加以关注，你就可以通过结合其他规则，迅速确定趋势的变化节奏。

这些重要日期如下。

1 月 7 日至 10 日，19 日至 24 日。这是一年开始时最重要的日期，那些持续数周，有时甚至是数月的趋势性走势，常常在这些日期附近出现。

2 月 3 日至 10 日，2 月 20 日至 25 日。这些日期的重要性仅次于 1 月份。

3 月 20 日至 27 日。此时会出现一些细小变化，有时也会出现重要的顶部或底部。

4 月 7 日至 12 日，4 月 20 日至 25 日。尽管不如 1 月和 2 月那样重要，但就趋势变化来说，4 月后半月常常是相当重要的。

5 月 3 日至 10 日，5 月 21 日至 28 日。这个月的变化与 1 月和 2 月同等重要，以往许多重要的顶部和底部都出现在这些日子附近，进而发生改变。

6 月 10 日至 15 日，6 月 21 日至 27 日。小的趋势变化会在这些日期附近产生，而且在某些年份中，会出现当年最高点和最低点。例如在本书写就的前三年中，1948 年 6 月 14 日出现了最高点，1949 年 6 月 14 日出现了最低点。

7月7日至10日，7月21日至27日。本月的重要性仅次于1月，因为它处在一年的中间，此时上市公司将派发红利，而且季节性的变化以及农产品的近况会对股票趋势产生影响。

8月5日至8日，8月14日至20日。从趋势角度看，这个月在某种程度上与2月同等重要。翻检过往，你就会发现重要的趋势变化是如何出现在这些日期附近的。

9月3日至10日，9月21日至28日。这是一年中最重要的时期，尤其对于顶部或牛市的最后点位而言，因为相比其他月份，最高点更多地出现在9月。某些小变化，无论是上涨还是下跌，也在这些日期附近发生。

10月7日至14日，10月21日至30日。这一时期很重要，若干重要变化在此出现。如果市场已经上涨或下跌了一段时间，这段时间就更需要多加注意。

11月5日至10日，11月20日至30日。历史分析显示，这段时期中的趋势变化很重要。选举年中趋势的变化常常发生在这个月初，其他年份里，最低价常常出现在这个月的20日至30日间。

12月3日至10日，12月15日至24日。在一段长达数年的长期走势中，12月的后半月以及进入1月的时期，出现变化的几率非常高。

本书提供的3日图上面记载了出现极限最高点和极限最低点的确切

日期，你需要检查这些过去的时间，并在将来的月份中多加留心。

找寻趋势变化的时段需要注意市场是否已经离开最高价或最低价 7 至 12 天、18 至 21 天、28 至 31 天、42 至 49 天、57 至 65 天、85 至 92 天、112 至 120 天、150 至 157 天或 175 至 185 天，这些开始时的顶部和底部越重要，其后展开的趋势性走势在这些周期时点的变化就越值得关注。

市场失衡

平均指数或个股在上涨或下跌了一段相当长的时间后，就会失去平衡并进行调整，而且此前上涨或下跌的时间越长，调整幅度就越大。

在牛市中，如果这一次下跌回调的时间比前一次长，股价比前一次下跌或调整时的跌幅大，就意味着市场失去了平衡，趋势改变即将发生。

这条规则在熊市同样适用。如果股票已经下跌了很长一段时间，那么当某次反弹的时间周期首次超过前一次反弹时，表明趋势正在改变，至少是暂时的变化。如果股价反弹首次超过前一次的幅度，就意味着股价走势失去了平衡，而且趋势改变即将发生。时间的变化比价格的反转更重要。当这些反转出现时，你可以应用规则来验证趋势变化是否必然发生。

若市场接近一段长期上涨或下跌的终点，而且到达第 3 阶段或第 4 阶段时，价格变化幅度的空间已经不大，时间周期也会缩短。这是股市趋势变化的迹象。在熊市中，相比前一段，如果股市下跌的点数减小，时间缩短，就意味着下跌行情的周期性走势即将结束。

规则9：在高点或低点买入

大盘创出新高或是新低的点位逐渐抬高，说明行情处在上升趋势，这是可以买入的时机。如果大盘的高位逊于前期或是低位低于前期，那么说明行情处在下跌状态，此时应当卖出。时间周期永远是非常重要的。关注之前一个头部到另一个头部的时间长度，以及之前一个底部到另一个底部的时间跨度。还要注意市场从最低点到最高点的时间，以及从最高点达到最低点的时间。

高低价月线图

当市场运动缓慢而窄幅振荡时，尤其是处于低价阶段时，你要坚持绘制高低价月线图；当股价开始活跃时，你可以开始绘制高低价周线图；而对于在高位运行的股票，则应绘制高低价日线图。但同时也要记住，作为一种趋势指标，3日图远比高低价日线图重要。

规则10：牛市中的趋势变化

趋势变化往往发生在节假日前后，下面的日期很重要：1月3日、5月30日、7月4日、9月初、劳动节（美国的劳动节在每年9月的第一个星期一）后、10月10日至14日、选举年的11月3日至8日、11月25

日至 30 日、感恩节（每年 11 月的第四个星期四）和 12 月 24 日至 28 日。在趋势确定前，最后的这段时间可能会延长至 1 月初。

当平均指数或个股的价格突破 9 点转向图中的前一个最低点，或 3 日图中前次最低点，就表明趋势已发生变化，至少是暂时地改变了。

熊市

在下跌市场中，如果股价在 9 点转向图中超过前次反弹的最高点，或在 3 日走势波动图中超过前次反弹的高点，这就是趋势变化的第一个信号。当股价在高位运行时，通常多次上下振荡。所以，当市场跌破前次振荡的最低点时，就表明趋势正在变化或反转。

股价行至低位振幅较小，并会窄幅振荡运行一段时间，但若价位超过前次反弹的高点，也意味着趋势发生改变。

时刻留心市场是否正好离某个极限最高价或极限最低价相距 1、2、3、4 或 5 年。回眸过去，看看市场离某个极限最底价的时间跨度是否有 15、22、34、42、48 或 49 个月，这些是看穿趋势变化的重要时间周期。

规则 11：最安全的买卖点

确定市场趋势后再购买股票总是最安全的。市场筑底后会有一波反弹，然后出现次级调整，并在更高的底部获得支撑。如果股价开始上涨，而且冲破第一次反弹的头部，就会形成最安全的买点，因为市场已经给出了上升的信号。你的止损单可以挂在第二个底的下方。

最安全的卖点

市场经过长期上涨并创出新高，且有了第一次快速垂直下挫后，会反弹并形成第二个顶部，这个顶部的高度较低，随后市场从这个顶部开始下行，并跌穿第一次下跌时的低点，这是一个相对安全的卖点，因为它已经给出了趋势掉头向下的信号。

2 日回调或反弹

在活跃的市场中，这是最重要的时间周期。调整仅仅维持两天，而不会在第三天继续。趋势变化前，这种情况会出现多次。如果个股或平均指数只调整两天，就说明市场处于强势。你会在 3 日图中找到 2 日运动。

在一个活跃的、跌速较快的市场中，反弹常常陡直而且迅速，而且只持续两天。研究 3 日走势波动图，你就会在 1929 年的股市、1930 至 1931 年的大熊市中发现许多类似反弹。

记住，只要趋势向上，股票永远不会高得不能买；只要趋势向下，股票也永远不会低得不能抛。但是不要忽略这个事实：必须永远用止损点来保卫你的投资；顺势而为，而不是逆势而行；在强势中买股，在弱势中卖股。

规则 12：在大盘的快速变化中获利

市场活跃，涨跌迅速时，平均每日运动 1 个点左右。当平均指数或个股每天移动 2 个点或更多时，就说明它已远离正常的轨道，不可能长久持续。在牛市里，这种运动会出现在短期和迅速的回调中。在熊市里，趋势向下时，这些迅速的反弹会在一个很短的时期中调整价位。更多信息请阅读第五章中的资料和例子。

为了给你加深印象，我还要再次强调：如果你希望在股市中获得成功，就必须花费大量的时间进行学习，因为学习的时间越多，你获取的知识将越多，日后获利也会越多。对这些规则长达 45 年的探索与实践，已经向我证明股市投资成功的条件是什么。我已经给了你有效的规则，下面就看你的了。你必须学习这些规则、适时地运用并践行。

24 条常胜法则

想在股市上取得成功，交易者必须有确定的规则并遵照执行。下面给出的法则是基于我的个人经验提出的，任何人只要遵守它们进行股票交易，都会获得成功。

1. 资金的使用量：将本金十等分，一次交易中使用不超过十分之一的本金。

2. 止损单：在离你成交价的 3～5 个点处设置止损单来保护投资。

3. 不要过度交易，这会破坏你的本金使用原则。

4. 不要让盈利变成损失，一旦获得了 3 个点或以上的利润，就提高止损点以防止资本损失。

5. 不要逆势而为，如果根据走势图无法确定趋势就不要进行买卖。

6. 迷茫时要离场，尤其不要在迷惑时入市。

7. 买入交易活跃的股票，不碰那些走势缓慢、交投不振的股票。

8. 风险均摊，条件允许的话，交易 4 支或 5 支股票，避免把所有的资金投到一支股票上。

9. 不要使用限制委托或固定买卖价格，要用市价委托。

10. 不要无故终止交易，设立止损单保护利润。

11. 累积盈余，如果你进行了一系列成功的交易，请把部分资金划入盈余账户，以备不时之需或在市场出现恐慌时使用。

12. 不要为一次分红而买入股票。

13. 绝不要企图摊薄损失，这是交易者犯下的最严重的错误之一。

14. 不因为失去耐心而出市，也不因为久候焦躁而入市。

15. 避免因小失大。

16. 不要在进行交易时撤销你已经设置的止损点。

17. 避免频繁交易。

18. 像乐于买入的时候一样乐于卖空，让你的交易方向与趋势保持一致并从中盈利。

19. 不因为股价低而买入，不因股价高而卖出。

20. 避免在错误的时候加码，等股票开始活跃并冲破阻力位后再补仓，等股票跌破支撑区域后再清仓。

21. 挑选小盘股做多，挑选大盘股做空。

22. 不对冲交易，如果你做多一支股票而它开始下挫，就不要卖出另一支股票来补仓，你应当清仓认赔并等待另一个机会。

23. 若没有好的理由，就永不在市场中变换多空位置，在你进行交易时，必须有某种合乎规则的理由，或依照某种明确的计划；然后，在市场未出现明确的转变迹象时，不要离场。

24. 不要在长期的成功或盈利后增加交易量。

决定交易时，你需确信没有违反这 24 条法则中的任何一条，这些法则对于你的成功来说至关重要。交易失利时，请查验这些规则中的哪一条没有遵守并确保不会重蹈覆辙。应用这些法则的经验和不断的深入研究会使你相信这些法则的价值，观察和学习将使你掌握在华尔街获得成功的正确而实用的理论。

本金安全

在进行交易前，你首先应当考虑的是保护本金，以及尽可能安全地进行交易。只有建立一条安全稳妥的规则，愿意遵守它而且永不偏离的人，才可以保其本金安全，并在每年都取得稳定的盈利。这条规则就是

将你的资金分成十等份，而且在任何一次交易中，都不拿超过你本金
1/10的资金去冒险。如果你有1000美元，那么第一笔交易就不要超过
100美元，而且要用设置止损单的方式来控制损失。有10股股票损失3
个点或30美元，比有100股股票损失300美元要好很多。只要有本金可
供操作，你总会发现新的获利机会。一开始就冒巨大的风险，会使本金
处在危险之中，并挫败你的判断力。按这条规则进行交易，即使有损失，
也不会使你心神不宁。

止损单

我觉得无需再重复强调止损单的作用了，它是保护投资者和交易商
的唯一"安全阀"。投资者或交易商设置止损单时，十次中可能有一次，
止损单的委托价格会正好在顶部或底部。从此以后，他总是记着这件事：
"如果我设置止损单，股价会正好下跌到委托价，或正好上升到委托价，
随后市场趋势就掉头而行了。"所以，下次他就不再用止损单了。他的经
纪人也会告诉他，止损单总能成交。但这个交易者忘记了，止损单十有
八九是正确的，而且可以在市场与其期望背道而驰时使他脱身，以避免
更大的损失。如果止损单有一次让你错误地离场，那么后面的九次它就
会发挥作用，让你正确地脱身。因此，永远不要忘记设置止损单。

转变观念

智者顺势，愚者顽固；智者先研究后决策，愚者却只决策。在华尔街，不转变观念的人，头脑很快就会僵化。一旦你决定进行一笔交易而且有确定的理由，就不要无缘无故地改变。我所指的最重要的事是，在市场与你的判断相悖时更改或取消止损点，进行一笔交易，首先要做的是设置止损单用来保护本金，一旦你下了止损单，就完成了一项聪明的举措和正确的判断。在这个决定后改变想法的，撤销你已经设置的止损单，往往并非是基于正确的判断，而是因为贪婪，在华尔街，贪婪只会导致失败。一旦你设置了止损单且不再撤销，那么十次中有九次的情况将证明它是一种最优的选择，只有坚持这条规则的人才可以成功。我重申，如果你不能遵守规则，就不要开始投资，因为你将输光一切，你必须遵守且不能偏离的规则之一就是在交易中设置止损单且坚持不更改。

不要过度交易

由人性的弱点导致的历史悲剧总是一再重演。对暴富的渴求使无数人付出了难以估量的代价。每一个身经百战的交易者都知道，过度交易有百害而无一利，但他对此却依旧放任。在交易中，有一个治愈这种毛病的方法——设置止损单。交易者必须战胜这个弱点，而止损单的设置是对付过度交易的好方法。

保护盈利

　　保护盈利与保护本金同等重要。一旦在交易中获利，就不能让它再变成损失。这条规则有一些例外，就是要根据获利比例的大小来设置止损点的位置。下面我会给出在常规情况下最安全的规则。一旦股票朝对你有利的方向运动了 3 个点，就按你当时所处的价格设置止损，即使这个价格被触及到，你也还是会保住已有的盈利。对于交投活跃、价格高企的股票，你可以等到有 4～5 点的利润时，再将止损点提升至市场一旦反转而你正好不受损失的地方。这样，可以将风险减至最小，将盈利可能增至最大。在股票朝对你有利的方向运动时，用止损单跟随，这可以保护并增加你的盈利。

入市时机

　　买卖时机非常重要，你必须以既定的规则或信号作为确定买卖时机的依据。当你自认市场正在接近底部或顶部，那么 70% 的情况下是错的。重要的并不是市场今天会怎么走，或者你认为市场该怎么走，而是你如何根据日后市场的趋势获得盈利。当股价到达低位或高位时，如果你想建仓，就应等到趋势变为向上或向下的信号出现时再行动，在等待中会错过底部或顶部，但观望可以使你保护好自己的资金，直至你有理由确信趋势何在，然后顺势而为。

你必须牢记的重要事情之一是不要企图获得过高的利润或造成太大的损失，你必须撇开金钱的干扰，把关注点放在如何正确判断市场趋势上，顺应市场，花所有的时间研究市场的正确走势。不要考虑利润，如果你能与市场趋势保持一致，利润自会来；如果你看错趋势，那么就得使用那个古老而可靠的保护器——止损单。

买卖过早或过迟

投资者常常过早地离场，他们往往长期持有股票以等待股票交投活跃、价格飙涨，却在股价第一次升至新的区域后就卖出，这是一个错误。

还有一类投资者，总是离场太迟，大盘看涨时，他捂着股票，希望股价能创出新高，但股价再也没有达到他预期的卖出价位。而股价的第一次快速下跌出现后，他决定如果股票再次反弹至前一个高点就出货。之后股票确实反弹了，但没有到达前一个高点，随后便调头下滑，创出新低。他在脑海中又确定了愿意卖出的价格，但这仅仅是他主观"希望"的价位。他看着股票一跌再跌，最终在股票已经从顶部跌了很多后才清仓出货。按照交易规则，你应当等到趋势明朗后再抛售股票，一旦你确定趋势已变，就该毫不犹豫地抛出。对于这种交易者的最好规则就是使用止损单，即使股票现在的价格与你的止损点尚有 10～20 个点的距离。

延误的危险

在华尔街，行动产生利润，而不是拖沓。空想毫无用处，没法让你赢下股市的游戏。用空想下赌注的人终将破产。你必须停止空想，进行务实的思考。即使已开始思考，同时还一定要在正确的时间行动，否则深思熟虑也毫无用处。知道什么时候行动但又不动手则于事无补。

延误总是危险的。在市场中，你空想或延误行动的时间越长，做出的判断就越糟，犯错误的可能性就越大。反应迟钝只会让你的资金消亡毁损。行动是生命，想法无论对错，不付诸行动就不能真正保护你的资金或帮你赚钱。再次强调，请记住，延误总是危险的。采取行动比空想着各种不确定性要好很多。不要在身心憔悴或情绪低落时交易。当你身心不适时，你的判断总会出错。成功投机者的规则之一就是应当保持身心健康，健康就是财富。

何时加仓

一种常用的加仓方法是在市场进入新的价格区域，创出新高或新低时立即加仓买进或卖空。在快速运动的市场中，当市场运动对你有利时，可以在每上涨或下跌3个、5个或10个点时买入或卖出，所有这些都取决于交易的股票或加仓的方式。我的方法是判断回调的位置，以及股票已经从近期的顶部调整了多少，或从近期的底部反弹了多少。找出这些调整是否已经运动了 3、5、7、10 或 12 个点，然后你就可以在从顶部开始的回调中，根据过去的调整幅度等待 3 个、5 个或 10 个点，在第一、第二、第三或第四次达到这些点数时加码买进或卖出。在熊市中，这条规则反过来也适用。如果从 1924 年至 1929 年在通用汽车（General Motors）上按照这个规则交易，你就会发现逐步加仓比涨跌多点后买进或卖出要安全。

我总结的时间周期规则可以判定第一次重要调整的时间，这条规则会对你的加仓操作有所帮助。例如，通用汽车从 1924 年开始上涨时仅调整了 3 周，所以当它每次从某个顶部调整 2～3 周之后你再买入较为可靠，直至它形成最终的顶部而且大势发生反转。测定调整的时间并计算出来，这种方法可以大幅提高盈利，使你紧跟大势（有时甚至绵延数年），而且可以获得 100～200 个点的利润。像其他规则一样，这条时间规则对交投活跃、价格高企的股票尤其奏效，可应用于活跃的市场中。

无论以何种方式加仓，其前提都是必须保住利润，应当设置止损点。你获得的利润越多，你就有越多的空间承受市场更大幅度的波动，可以容忍的市场反转或调整幅度越大，也就是你可以让止损单的价位更多地远离目前的市场价，这样一次自然的调整不会干扰你加仓。比如，假设你已经抓住了一支上涨的股票，而且相对你的原始仓位价格已有了 100 点的利润。如果这支股票曾经回调过 20 点，那么它就可能在大势不变的情况下再次回调 20 点，因而你的止损单可以低于市价 20 个点。因为，即使

止损单成交，你也不会损失本金，而只是一部分账面利润，但在加仓的
早期阶段，你的止损单则必须紧贴市价，以保护本金安全。

盈利预期

大多数交易者都幻想获得暴利。他们没有停下来算过，如果在 10 至
20 年的时期中每年获得 25％ 的收益意味着什么。从 1000 美元起步，每年
获利 25％，10 年下来就是 9313.25 美元。10 000 美元，按 25％ 的年速率
增长，10 年就是 93 132.7 美元。可见，如果一个人稳健而又不贪图暴富，
那么在一段时期里积累一笔财富还是挺容易的。许多来华尔街的交易者
都抱着在一周或一个月内将本金翻倍的想法，可这是无法做到的。市场
的确可能有意料之外的机会，你可以在一天、一周或一个月内嫌到一大
笔钱，即使你有了这样的机会，赚个盆满钵盈，也不该恣意妄想，以为
永远可以获得如此大的利润。

记住，市场在大多数时候是正常运动的，不可能让你获得超额利润。
许多交易者在买卖股票时从不考虑他们获利的可能性和损失的可能性。
这应当成为投资者的规则之一：当你认为不可能获得 3 ~ 5 个点的利润
时，就不要买卖股票，除非你的止损点有 1 至 2 个点。总的来说，不值得
为了获得 3 ~ 5 个点的可能的利润，而冒损失 3 ~ 5 个点本金的风险。当有
机会时才交易——至少是利润大于损失的时候。

最好是等到股票穿越某个向上的阻力位，而且进入了产生更大利润

和更久涨势的区域。此时，做短差赚不了钱，而只能获得小利。记住，要想获得成功，盈利要大于损失，而且要尽量减少损失，让利润逐渐累积。

如何应对追加保证金的通知

做了一笔交易，存入了相应的保证金，但股票走势对你并不有利，经纪人要求追加保证金，大多数情况下，你要做的不是存入更多的保证金，而是按市价卖出或回补你的空头仓位。如果你一定要放入更多的保证金，那么也要在你的判断力好些的时候，把它用在新的或是更有理由的交易上。当一个交易者第一次存入保证金后，十次有九次他都会坚定持有股票，直至接到第二个甚至第三个追加保证金的通知，而且只要他还有钱就会不断追加，结果他在一笔交易中损失了所有的本金。如果经纪人不得不通知你追加保证金，那么一定是你的交易判断有错误的地方，最好的选择是清仓。

联合账户

若是可以避免，就不要开立联合账户或与他人一起交易。两个人共同拥有一个股票账户时，固然可以在正确的时间买入股票，或是在正确的时间卖空，甚至建仓的时机都是正确的，但麻烦也会接踵而至：在交易行将结束时，他们很少能因获利期望而在时间和价格上取得一致，结果是他们在需要结束交易时犯下错误，一个人捂住股票，让另一个人无法退出，结果直到大势反转，原先的交易变得没有利润，此时，他们会继续持仓，企图再次获利，最终在一个以共赢开始的交易上失败。一个人的头脑在股市中操作并保持正确已属不易，两个人保持一致并在股市中共同操作则是难上加难。两个人共同取得成功的唯一途径是让一个人负责买入和做空，而另一个人专门负责下止损单。当犯错时，止损单可以对两个人都起到保护作用。让一个人和他的妻子开设联合账户是个糟糕的主意。进出市场的行动应由一个人负责，这个人必须学习在市场变化中如何操作，如何迅速地行动，而且在投机中不受合伙人的影响。

投资者不愿意知道的事情

普通投资者不愿意听到那些残酷的事实，他们只想知道那些迎合他们幻想的消息。当买入一支股票后，他们会相信所有的消息、传闻、评论和谎言都在支撑股价上涨，但如果给他看这支股票的负面报道，或是有人告知他所买进的股票的不利消息，他们总会选择不相信。但是，唯有事实才能帮助你获利，你必须相信事实，而不是构筑幻想——那些日后会带来损失的东西。

一个交易者在犯了一次错误后会说："我不会再犯同样的错误了。"但他还是会重蹈覆辙，这就是我们在华尔街为什么总会看到"老羊"牵着"小羊"走老路。在华尔街，人们很少谈论自己遭受损失的真相。投资者无论大小总是对利润夸夸其谈，炫耀自己的成功交易，绝口不提损失。因此，初到华尔街的无知"羔羊"只相信暴利，而看不到故事的另一面，即人们在华尔街曾遭受多少损失，可这才能真正帮助他，防止重复前人的错误。初来乍到的"羔羊"应当知道，在华尔街，不设置止损单和过度交易是造成 90% 以上的失败的原因。因此，为取得成功，你必须找到方法，战胜让他人失败的那些人性弱点。

人性的弱点

在赚钱时，人们会自鸣得意于自己的正确判断和所作所为；当赔钱时，态度则截然不同，他很少会责怪自己或从自身找出失败的原因，他会找借口，安慰自己称因为发生了意外，如果不听信别人的建议，本该是可以赚钱的。他会找出诸多"如果""而且"和"但是"，这都不是他的过错。这就是为什么人会一错再错并招致损失。

投资者和交易者必须清醒，要从自己而不是他人的身上找到失败的原因，因为如果不这样做，就永远不会修正自身的弱点。毕竟，是你自己的行为导致了损失，是你自己在进行买卖，你必须寻找内在的原因，并加以改正。这样，你才会摆脱以前的错误而取得成功。

交易者遭受损失的主要原因之一是不能独立思考，而是让别人代替自己思考，或是听从别人的建议，而这些人的建议或判断并不比他们自己的好。要获得成功，你就必须亲自分析、研究。除非从"羔羊"变成思想者并渴求知识，否则你将重蹈所有那些"羔羊"的覆辙，在保证金催缴者的利斧下"割肉"。只有自己帮助自己的时候，别人才会帮你，或是告诉你该如何帮助自己。

我能给你世上最好的规则和确定股市趋势的最佳方法，但你依然会因为人性——也就是人类自身最大的弱点而输掉账户中的资金。你不能遵守规则。你因为贪婪和恐惧，而不是实际情况行事；你犹豫迟疑，缺乏耐心，仓促行动或延误时机，却用人性的弱点欺骗自己，将失败归咎于市场。你要永远记住，是你自己的过错，而不是市场或市场操纵者的行为导致失败，因此，你要努力遵守规则，或躲避开注定使你失败的投机心理。

专家解读

但凡诉诸文字，总有忐忑之情，毕竟白纸黑字，人生难再反转，若是差之毫厘，则将谬以千里，个中得失，非只言片语可叙。

在关于投资哲学的文字中，一般有三类：一类是经典，少之又少，几近于无；一类是过客，短暂有效，过时不候，或许可以当作对一个时代投资风潮的回忆录读来，长些见识、多些谈资，却少了实用，没了价值，无法穿越岁月的鸿沟，是走向今日的昨日的好梦，却非走向今日的朝阳，更有甚者演化成为了今日的噩梦；最后一类则是垃圾，没价值，给读者徒添烦恼，浪费资源、浪费生命、浪费金钱、浪费一切。

　　纵览资本市场，睥睨风云百年，关于股市、关于投资、关于芸芸众生如何迷恋追逐财富的文字浩如烟海，不胜枚举，却鲜有著作能够真正成为经典、铭刻人心，因为经典的力量在于其能够经受了时间的考验，大浪淘沙，薪火相传，其所包含的思想价值应该是穿越时空而成为人类社会共同拥有的财富。

　　这一切江恩做到了，用他在华尔街 45 年的经历为我们总结了这颠扑不灭的投资真理，这里我们会总结江恩的投资哲学，对于他的 12 项规则和 24 条法则，我们不再赘述，但请您牢记在心。

　　要在投资前学习知识，不要盲目投身股市——杰西·利弗莫尔（Jesse Livermore）在《股票大作手回忆录》中曾经不无轻松地说道："在华尔街，没有什么事是新奇的，这是因为投机事业已像群山一样古老了。"在他的眼中，股票上涨前和下跌前一样，总倾向于表现出固定的模式。他的话不错，这样的例子数不胜数。市场——纵然不确定但并非不可预知。请记住阿尔方斯·卡尔（Jean – Baptist Alphonse Karr）的名言："变的越多，不变的越多。"

　　别以为凭消息可以挣钱，而不是倚仗知识，巴菲特有一句话："你要想多输钱就听内幕消息吧！"

　　可是，现实的图景却是另一番景象：当我们观察研究了数以百计的股票价格行情资料，当我们殚精竭虑地研究着它们的精确性，比较股市行情的今日和往日时，事实上，我们不过是在预见虚幻而且注定"错误"

的股票价格罢了。我们放弃可靠情报，然后期待着股价朝着"一厢情愿"的方向发展。我们已经开始给"赔钱"计时了。股票市场上多头空头互相争斗，谁才是你判断的依据？谁能让你胜券在握？股市上今天发生的事过去也发生过，而且将来会再次发生。他们究竟为什么买这支股票，而不是那一支；他们为什么总是可以在一个相对低的价位买入心仪的股票，而我们总是在看似的危机面前落荒而逃，留下一个个财富的遗憾，总是在惶恐中错失千载难逢的机会，却在狂热中成为市场上最后一个接盘人。如果市场真的是零和游戏，为什么我们总是输家？归根到底是知识的储备和活学活用不够。

这就是江恩为什么在进入他的投资世界前一再说："投身股市之时，你必须储备相关知识，这必须在你产生损失前就要开始，许多投资者盲目进入股市，于是他们在损失大部分本金后才意识到进行交易前是有必要进行一段时间的准备工作的。我在股市中有45年的经验了，并总结了使人成功的各种规则，如果你能学以致用，将大有裨益。"

牢牢记住江恩的24条法则；

紧紧跟随江恩的12项规则。

在《江恩华尔街45年》一书中，江恩没有再重复叙述他在其他书籍中所写的分析方法，这完全是明智的——即使读者完全掌握了他分析走势的方法，但是却没有遵守交易规则，同样不可能取得成功。

事实上，本书后续的章节就是对上述规则和法则的展开和具体应用说明，这些都是金科玉律，如下几点。

学会确定趋势和观察股票

在这一章中，江恩几乎是和盘托出他的投资哲学，无论是 12 项规则抑或 24 条法则，这都是江恩用生命总结的知识，但对于我们今日的人来说，仔细品味这些细致入微的规则不难发现股市投资就是看势、择时、筛股以及围绕这些投资行为的投资纪律和技巧。简单地说就是看透宏观经济，知道市场的机会在哪里（江恩的趋势确定法）；读懂行业脉络和股市起伏的规律，寻找合适的时间进入和退出（江恩的交易法则）；在茫茫股市和上市公司无穷无尽的各种真真假假的信息中筛选出值得投资的股票（江恩的时间周期法则）。

"在投资时，我们视自己为企业分析师，不是市场分析师，不是宏观经济分析师，甚至都不是证券分析师。" 1987 年，巴菲特给伯克希尔·哈撒韦公司股东的信中也如是说。

在江恩的投资哲学中，公司股价的表现尽管会受到很多因素的"干扰"，但归根结底，质量是第一位的。只有盈利的公司才有最基本的投资价值，也只有盈利才是构成基本面分析框架的一个关键影响因素，因为股价表现往往随实际盈利增长或市场对未来盈利增长预期的变动而出现波动，因此，对于投资者来说，用江恩的方法绘制、建设属于自己的股票投资大数据是走向成功的开始，如此才能选对股票，看准时机，稳健投资，追求长期回报。正如同投资可口可乐公司的巴菲特的做法。1988

年，巴菲特开始以拆股后每股大约合 5 美元的价格为伯克希尔·哈撒韦公司购买可口可乐公司的股票，当时的华尔街都认为他疯了，花这么多钱购买一家已经暮气沉沉的软饮料公司。然而，乘着一波国际增长的东风，这家公司在接下来的 10 年里取得了令人瞠目结舌的增长，股价也随之飙升到 90 美元。这显然需要的是眼光、勇气和独到的看法，更需要耐心的投资和细心的呵护。但最根本的是：巴菲特看中了可口可乐公司的盈利前景。

俗话说得好，会买的是徒弟，会卖的才是师傅。即使你看准了趋势，但如果不会"下车"，同样无法赚钱。为什么？答案很简单：选时。江恩的交易规则中，几乎手把手地给出了选择股票的方法：选择股票不能贪便宜，而要看位置。有很多投资者在购买股票时会去选择价格较低的股票，这是一种错误的选择。购买股票时，一定要看很多信息，但对于股票增长至关重要的概念是什么呢？美国前财政部长、高盛前联席董事长罗伯特·鲁宾在回忆录中写道，他高度认同本杰明·格雷厄姆与戴维·多德在《证券分析》中阐述的股票价值投资方法，认为"是投资股票唯一明智的方法"。鲁宾认为，投资者应当以与分析整个公司的经济价值相同的方式分析一支股票的经济价值。一支股票，不管是一家钢铁厂的还是高科技公司的，它的价值相当于将风险和其他基本因素如资产负债表中的隐性财产计算在内的这家公司现在预期收益的价值。从长期来看，一支股票的价格反映着这种经济价值，尽管在一段时间内价格可能大大偏离其经济价值。投资者为了追求可预测的结果，常常看不到这种周期性的现实。如 2000 年和 2001 年时，投资者对信息公司和电信公司的投资遭遇了巨大损失，原因就是因为他们追随潮流，而不是根据对价值的评估。不是价格的高低，而是准确地把握市场的脉搏。在市场上涨过程中，通过积极挑选行业和股票，实现超越市场的业绩；在市场下跌过程中，控制好仓位，做好防御型投资，尽量减少投资者的损失。最重要的是构筑自己的数据模型，把风险、仓位、时机牢牢控制住。尽管很难有人能够做到仓位控制自如、行业轮动把握准确、股票挑选百发百中，但能够在整体上做到符合市场趋势变化就是不小的成功。在不同的市场环境中，无论你情绪如何波动，坚持理性的投资能让你的投资波动降低，同时也能安抚情绪，几乎可以算得上在感性和理性中找到了一个平衡。

学会寻找信息

耄耋老人江恩是睿智而善良的，他深知，普通投资者多为单兵作战，要长期跟踪数千家上市公司无疑是天方夜谭，而且也不可能熟悉所有行业。因此，普通投资者要放弃自己寻找公司的想法，要从现有的公开信息中寻找——利用公开的研究报告，缩小选股的范围；选择自己熟悉或者有能力了解的行业。投资者对自己根本不了解或者即使花费很多精力也难以了解的行业，最好回避；独立进行估值，并进行交叉验证。这是估值选股的关键。不要轻信分析师的估值，一定要自己根据未来的业绩进行估值，而且尽可能把风险降低；注重现金流分析，因为相对于利润，现金更为真实，要自上而下与自下而上分析相结合。

其实只要你是个有心人，这项工作几乎就像每天早上浏览新闻一样简单。在任何周期中，总有赢家和输家。在废墟中和在金矿中我们都可以发现新投资机遇，就看你有没有能力撬开数据的"铁齿铜牙"了。在感性和理性的坐标系中，做出一点改变，也同样能撬起你的投资回报。江恩需要投资者用绘制图表和整理数据的方式勾勒模型，把每一个个孤立的数据串联起来，让数字"活灵活现"地指导我们的投资。

培养纪律性

投资者确信能从股市长线投资中获得大量财富增值的假设是一种幻觉，在江恩理论的核心中，设置止损点的目的旨在终结人们对于盈利的无限制的贪婪以及对于亏损的不切实际的反弹的幻想。一句话，止损点犹如部队打仗时的军令，军令如山倒，没有规矩不成方圆。市场涨跌无常，投资者从贪婪到恐惧、再回到贪婪的轮回是所有股市波动的必然产物，也是人性使然。避免的方法是从组合管理角度控制投资心理随着股市短期趋势无意识波动，用稳定的可操作的投资理念来指引组合管理，并且用良好的投资纪律加以约束。毕竟，投资者自我欺骗的过程是这样的：投入股市1万美元，市场很快上涨一倍，你有了2万美元；事情这么顺利让你如此开心，于是加倍投资，又投入2万美元，市场却跌回最初的水平；你痛定思痛，将股票卖掉一半，获得1万美元现金，市场很快再次翻倍，这样你在总计投资3万美元之后，有1万美元现金和2万美元的股票。市场在经历过山车式的震荡后上涨了100%，但不知怎么的，你1分钱也没赚到。事实上，我们之所以交易频繁，是因为我们对发现最新交易机会的能力过于自信。我们之所以高买低卖，是因为我们受到其他人行为的影响。我们持有那些下跌的股票，是因为在亏损时卖掉它们就意味着承认失败。

江恩是一个明白人，他的忠告可以穿越股市的历史，简单说就是：学会接受理性的失败，学会控制人性的贪婪，学会承认自己的不足，学会在股市中设置止损点是成功的基石。"你首先必须清楚交易是可能犯错的，同时，你必须学会如何纠正错误，方法是通过设置止损点来控制风险。止损点可以比你买入的价位低1、2或3个点，如果你交易失误，就可以自动全部卖出，并在企稳时重新入市。不要猜测，按确定的规则，以及基于我给出的规则的确定性来进行交易，这会让你有更多的机会走向成功。"

最后，江恩用毕生的经验告诉人们，人是渺小的，江恩或许能给你世上最好的规则和确定股市趋势的最佳方法，但你依然会因为人性，也就是人类最大的弱点而输掉账户中的资金。你不能遵守规则。你靠着贪婪和恐惧，而不是实际行事；你犹豫迟疑，你缺乏耐心，仓促行动或延误行动。却用人性的弱点欺骗自己，将失败归咎于市场。你要永远记住，是你自己的过错，而不是市场或市场操纵者的行为导致失败，因此，你要努力遵守规则，或躲避开注定使你失败的投机。投资者必须对市场心存敬畏："请熟读我在其他几本书中列举的所有规则和例子，并精研我在这本《江恩华尔街45年》中总结的12项规则和24条法则，如果你细加研习，必能从中受益。记住，你应时刻准备和愿意学习新的东西，而非一劳永逸；永远不要自认为通晓一切，若是如此，你就难有进步；时移势易，你应当学会改变。人的本性难移，这就是历史不断重复和市场在某些条件下年复一年以及在迥异的时间下运行极为相似的原因。"

第三章

如何选择走出独立行情的股票

有些股票在其他股票创新低时却在创新高，并走出独立于大盘指数或同类股票的行情，通过研究几年来的走势图，你可以在一支股票刚开始走出独立行情时就将其辨识出来。

城市服务公司（Cities Service），1938 年最高价是 11 美元；1939 年最低价是 4 美元；1942 年最低价是 2 美元，最高价是 $3^1/_2$ 美元。这支股票曾在 11 美元至 2 美元之间盘整了 4 年，在 1942 年，它的价格波动区间仅为 $1^1/_2$ 美元，说明这支股票的抛压已很小，只有内部人士愿意买进，此时你大可抓住机会建仓，因为即使股票摘牌，你也仅会每股损失 2～3 美元。但是，你要知道何时买进是安全的以及何时才能确认其上升趋势。1943 年，这支股票突破 11 美元，时隔 5 年后，终于穿越了 1938 年的最高价，表明该股将继续走高。此时，你应该立即买入，更高的底部和顶部说明该股无疑已步入升势。

1948 年 6 月，该股最高价为 $64^1/_2$ 美元。涨势确立后该股又上涨了 53 个点。当你在 11 美元买入后，3 个点的止损单就可以防范风险，而且你可以在不追加保证金的情况下有四五次使资金翻番的机会。

1949 年，该股最高价 48 美元；同年，该股最低价 38 美元，仍高于 1948 年的最低价位水平。只要这支股票价格维持在 38 美元之上，就仍处于攀升状态，因为公司的盈利状况很好。

买入一支，做空另一支

我在第一章中已经说过，一些股票在上涨并创出新高，同时另一些股票可能下跌并创出新低。许多时候，你可以在高位卖出一支股票，并在低位买入另一支股票，这些股票的价格会走到一起，这样你就可以两头赚钱。

美国无线电和百事可乐

1947 年 8 月，百事可乐（Pepsi Cola）股价为 $34^1/_2$ 美元，该股此前价格到过 40 美元，随后不断形成更低的顶部，根据本书前文总结的规则，你可以判断出该股趋势已经向下。假定你以 32 美元的价格卖空了 100 股百事可乐，同时，美国无线电（Radio）的股价是 8 美元，并在低价区获得了良好的支撑，因此，你以 8 美元的价格买进 100 股美国无线电，并在 7 美元处设置止损单。在对百事可乐的卖空中，你可以将止损单设在 35 美元，如果两个止损单都成交，那么不算佣金，你的总损失是 400 美元。但两支股票都未触及止损单，百事可乐继续下跌，美国无线电继续上涨。

1947 年，美国无线电的最低价是 $7\frac{1}{2}$ 美元。运用我的翻倍上涨规则，我们预计美国无线电的顶部在 15 美元。1948 年 6 月，美国无线电到达 15 美元，但由于抛压沉重，未能突破这个阻力位，但你有充足的时间在 15 美元附近卖出。

与此同时，1948 年，百事可乐的价格跌破 20 美元，也就是从前一个最高价 $40\frac{1}{2}$ 美元下跌 50%，由于股价跌破了这个重要的支撑位，你可以继续做空百事可乐，但要将止损单委托价降低为 21 美元。1948 年 12 月，百事可乐的最低价是 $7\frac{1}{2}$ 美元，跌破了 1939 年以来的支撑位。这已经到了在 8 美元回补百事可乐空头的时候。这将使你在百事可乐上获利 24 个点，并在美国无线电上获利 7 个点。百事可乐没有跌到 7 美元，而是反弹至 12 美元。你可以买入百事可乐，并在 7 美元处设置止损单，后来的走势证明，这个止损单并没有触发。

何时买入美国无线电

在决定何时买入之前，你可以先看看近几年走势图上的最高点和最低点。1945 年，美国无线电的最高价是 $19\frac{5}{8}$ 美元；1947 年最低价是 $7\frac{1}{2}$ 美元。1948 年最高价是 15 美元，$7\frac{1}{2}$ 美元和 15 美元间 50% 的点位或中位点是 $11\frac{1}{4}$ 美元。上一个最高价是 $19\frac{5}{8}$ 美元，从这个高点下跌 50% 是每股 9.81 美元，接近 10 美元。1949 年 6 月 14 日，美国无线电跌至 $9\frac{3}{4}$

美元，而到了 6 月 29 日仍维持在 $9^5/_8$ 美元的低价，这就给了你一个机会买进你本想在每股 10 美元建仓的股票。你可以在 $8^1/_2$ 美元设置止损。

决定买入之后，你要知道的是：股票什么时候会表现出强劲的上升趋势。当美国无线电股价穿过 $11^1/_4$ 美元，并收在这个水平之上后，该股将继续走高。下一个目标位是 1949 年的最高点 15 美元和 1945 年的最高点 $19^5/_8$ 美元。如果该股突破 20 美元，那么它就是处于强势反弹，并会创出新高的价格。我相信美国无线电的未来，它机会无限，而且可能成为未来真正的领涨股。

专家解读

"如何选择走出独立行情的股票"——这是一个让投资者既感到诱惑又感到恐慌，既幻想又焦虑的好题目、好话题、好投资，却总在现实中寸步难行。

江恩给出了自己的答案，但如果我们可以深入阅读和思考的话，会发现，他并非仅仅给出了自己成功的经历或是可能成功的操作手法，而是将一种投资哲学隐身其中：通过对于感兴趣股票的跟踪和绘制属于自己的股票分析图，"当有些股票在其他股票创新低时却在创新高并走出独立于大盘指数或同类股票的不同行情时。通过研究几年来的走势图，你可以在独立行情开始时就将其辨识出来"。这并非纸上谈兵或是夸夸其谈。江恩的理论分析方法在华尔街很适用，美国著名投资杂志《*Kipling* er's》执行总编曼纽尔·弛福曾经总结过"股市大反弹前的七个风向标"，他认为，股市反弹带来的教训是值得研究的，它们会在下一次牛市到来时派上用场。他所总结的前三条如下。

第一，股市的悲观情绪变得浓厚时，它就要反弹了。

第二，熊市与经济衰退有关，但几乎总是结束于经济衰退的中间时段。股市有一种所谓的贴现机制，股价预示着未来，股市大概比经济提前三到六个月见底。

第三，不要太看重公司收入，因为它们总是落后于股市。

投资经理吉姆·斯坦科说："最有价值的历史经验之一，是完全无视一个新的牛市中第一个 6 个月和 12 个月的收益预测。"

但如果认为仅仅靠图表就可以获胜，你就完全误会了江恩。本章虽然短小精悍，但分析的元素却异常丰富，江恩在对几家公司股票进行走势分析的同时也强调了通盘的观察，毕竟，我们买股票也是在买企业。处在正确趋势和合理位置上的企业就是江恩的购买对象，设想网络泡沫时期，大家可以为一家只有概念的公司一掷千金，结果呢，财富灰飞烟灭。对企业进行正确的分析是价值投资的基础，任何证券分析都需要基于企业分析。企业是依存于市场和行业大环境的，我们不能排斥观察市场及宏观的重要指标来来进行企业分析。各个条件之间彼此相辅相成，不可分割。

对于一个投资者而言，制定一套自己的操作准则并严格遵循，在实践中锻炼良好的判断能力和逻辑推理能力以及获取正确信息的能力，这才是成功投资的基础，同时你还要学会审时度势和保护投资。

江恩强调："一些股票在上涨并创出新高；同时另一些股票下跌并创出新低。许多时候，你可以在高位卖出一支股票，并在低位买入另一支股票，这些股票的价格会走到一起，这样你就可以两头赚钱。"请注意，这个表述在本章中并不占据很大的篇幅，但却道出了真理：投资要学会适度平衡，不要将鸡蛋放在一个篮子里。

据说，詹姆斯·托宾（James Tobin）获得1981年诺贝尔经济学奖时，一名记者请他用简单通俗的语言概括自己的研究内容。这位伟大的宏观经济学家尝试回应了这一挑战，对此一家通讯社进行了忠实的报道，称"托宾教授凭借对'不要将所有鸡蛋放在一个篮子里'理论的研究获得了诺贝尔经济学奖"。随后一幅卡通画出现在了报纸上，画中宣称"每日一个苹果，医生远离我"理论被授予诺贝尔奖。虽是调侃，但真理其实是颠扑不灭的。分散投资并非分的越"散"越好，也不是毫无章法和规律地随机投资。投资学上有研究证明，一个投资组合的回报，九成来自于资产配置是否得当，也就是说，资产分配的核心就是适当分散投资，降低风险，争取较佳回报。而要达到分散投资，投资组合内的成分产品应具有较低的相关系数，做到互不影响。

总之，简单避开股价飙升和不具备竞争力的企业，投资者就已经有利可取了。投资成功的关键不在于发现便宜、高增长甚至是世界级企业的股票，而是在于发现并投资那些被市场低估的股票。

第四章

以高低价百分比预测重要点位

我最重大的发现之一是计算平均指数和个股的最高价、最低价百分比的方法，极限最高价和极限最低价的百分比可以用来测算未来的阻力位。

某个最低价和某个未来的最高价之间存在着关联，而且利用最低价与之前最高价的百分比可以预测在什么价位会出现下一个最高价。在这个价位，你可以在风险可控的前提下卖出长线持有的股票并做空。

最高价或任何小头部都与未来的底部或最低价位有关联。最高价与之前最低价的百分比可以告诉我们，将来在哪里会出现新的最低价，并给出一些你在风险可控的前提下买入股票的阻力位。

六个重要的阻力位

最重要的阻力位是某个最高价或最低价的50%。其次是平均指数或个股最低价的2倍。你还可以使用200%、300%、400%、500%、600%或更高的百分比，这取决于从最高价或最低价开始的价格和时间周期。

第三个重要的阻力位是最高价或最低价的 25%。第四个重要的阻力位是极限最低价和极限最高价的 12.5%。第五个重要的阻力位是极限最高价的 6.25%，但这仅在平均指数或个股在非常高的价位交易时使用。第六个重要的阻力位是最高价或最低价的 33.3% 和 66.7%。计算阻力位时，这两个百分比需排在 25% 和 50% 之后。

为了知道重要的阻力位都在什么地方，你应该拿到一张平均指数或你正在交易的个股的百分比列表。

1896 年 8 月 9 日，道琼斯 12 种工业股平均指数的最低点是 28.5 点。这是一个极限最低价，基于这个价格的一系列百分比非常重要（如表 4-1 所示）。

表 4-1 平均指数上涨百分比列表（一）

1896 年 8 月 8 日，最低点 28.50 点		1921 年 8 月 24 日，最低点 64.00 点	
上涨	50%：42.75 点	上涨	25%：80.00 点
	100%：57.00 点		50%：96.00 点
	200%：85.50 点		62.5%：104.00 点
	300%：114.00 点		75%：112.00 点
	400%：142.50 点		100%：128.00 点
	450%：156.75 点		125%：144.00 点
	500%：171.00 点		137.5%：152.00 点
	550%：185.50 点		150%：160.00 点
	575%：192.75 点		162.5%：168.00 点

（续表）

1896 年 8 月 8 日，最低点 28.50 点		1921 年 8 月 24 日，最低点 64.00 点	
	600%：199.50 点		175%：176.00 点
	700%：228.00 点		187.5%：184.00 点
	800%：256.50 点		200%：192.00 点
	900%：285.00 点		212.5%：200.00 点
上涨	1000%：313.50 点	上涨	225%：208.00 点
	1100%：342.00 点		237.5%：216.00 点
	1200%：370.50 点		250%：224.00 点
	1250%：384.75 点		275%：240.00 点
			300%：256.00 点
			400%：320.00 点
			500%：384.00 点

　　1932 年 7 月 8 日，道琼斯 30 种工业股平均指数的最低点是 40.56 点。基于这个价格的一系列百分比如表 4-2 所示。

表 4-2　平均指数上涨百分比例表（二）

1932 年 7 月 8 日，最低点 40.56 点		1933 年 7 月 18 日，最低点 84.45 点	
上涨		上涨　　　　100%：168.90 点	
	25%：50.70 点	1933 年 10 月 21 日，最低点 82.20 点	
	50%：60.84 点	上涨　　　　100%：164.40 点	
	75%：70.98 点	1934 年 7 月 26 日，最低点 84.58 点	
	100%：81.12 点	上涨　　　　100%：169.16 点	
	150%：101.40 点	1938 年 3 月 31 日，最低点 97.50 点	
	175%：111.54 点	上涨　　　　100%：195.00 点	
	200%：121.68 点	1942 年 4 月 28 日，最低点 92.69 点	
	225%：131.82 点	上涨	12.5%：104.27 点
	250%：141.96 点		25%：115.86 点
	275%：152.10 点		37.5%：127.44 点
	300%：162.24 点		50%：139.00 点
	325%：172.38 点		62.5%：150.58 点
	350%：182.56 点		75%：162.16 点
	375%：192.66 点		100%：185.38 点
	400%：202.80 点		112.5%：196.96 点
	425%：212.94 点		125%：208.45 点

最高价的百分比如表 4-3 所示。

表 4-3　平均指数涨跌百分比列表

1919 年 11 月 3 日，最高点 119.62 点		1933 年 7 月 18 日，最高点 110.53 点	
上涨	100%：239.24 点	下跌	25%：82.90 点
	200%：358.86 点	1937 年 3 月 8 日，最高点 195.50 点	
	325%：388.50 点	下跌	50%：97.75 点
1929 年 9 月 3 日，最高点 386.10 点		1943 年 7 月 15 日，最高点 146.50 点	
下跌	50%：193.05 点	下跌	50%：73.25 点
	75%：96.52 点	上涨	125%：183.27 点
	87.5%：48.32 点		150%：219.75 点
1930 年 4 月 16 日，最高点 296.35 点		1946 年 5 月 29 日，最高点 213.36 点	
下跌	50%：148.17 点	下跌	25%：160.02 点
	75%：74.08 点		
	87.5%：37.04 点		

我们还可以计算出从这些阻力位开始的其他百分比。

在中位点以下价位交易的股票

当某支股票跌去最高价和最低价之差的 50% 时，投资者要开始注意了。如果股价没有得到有力支撑并企稳，其趋势将走弱，而且会跌去极限最高价和极限最低价之差的 75% 或更多。

最高价的 50% 是个更重要的位置。如果一支股票跌破这一价位，就说明弱势格局已经形成。如果它要获得支撑并上涨，那么它就会在下跌到最高点一半的时候企稳。不要买那些跌破这个点位的股票，直到你根据我所总结的规则看到止跌企稳的信号。

市场活动证实了这些规则

在计算完极限最高价和极限最低价的各种百分比后，我们有必要计算一下极限最高价和极限最低价间的中间价格。

例如，1896 年，最低点 28.5 点到 1919 年的最高点 119.62 点的中位点是 74.06 点。1896 年的最低点 28.50 点至 1929 年的极限最高点 380.10 点的中位点是 204.3 点。1921 年的最低点 64 点至最高点 386 点的中位点是 225.00 点。1930 年的最高点 296.25 点至最低点 64 点的中位点是 180.12 点；最低点 28.50 点至最高点 296.25 点的中位点是 162.37 点。1937 年的最高点 195.50 点至最低点 28.50 点的中位点是 112 点。1937 年的最高点 195.50 点至 1938 年的最低点 97.50 点的中位点是 146.50 点。1932 年的最低点 40.56 点至 1946 年的最高点 213.36 点的中位点是 126.96 点。1942 年的最低点 92.69 点至 1946 年的最高点 213.36 点的中位点是 153.02 点。

在完成所有这些阻力位数据的计算之后，我们可以开始验证它们对顶部和底部预测的作用。至 1919 年，道琼斯 30 种工业股平均指数的最高价是 119.62 点。1921 年后，平均指数从最低点 64 点开始上涨，我们发现，从 64 点上涨 87.5% 是 120.00 点，这说明过去的顶部和该阻力位非常重要。当指数突破该极限位置时，我们就得在 64 点的百分比表中查找，看看还有那些阻力位可能成为顶部。我们发现平均指数上涨 500% 是 384 点。1929 年 9 月 3 日，平均指数创下 386.10 点的最高点。粗略地看一下最低点 28.50 点的百分比表，我们可以注意到平均指数上涨 1250% 时是 384.75 点。在接下来计算过去的最高点 119.62 点的重要百分比时，我们发现从 119.62 点上涨 225% 是 388.50 点，这表明平均指数在 384.00 点、384.75 点和 388.50 点有三个阻力位。平均指数盘中曾创出 386.10 点的极限最高价，但最高收盘价是 381.10 点。3 日图和 9 点转向图都说明市场在这些重要的阻力位已形成头部。

在平均指数到达极限最高点以后，我们的下一个任务是计算哪里会是重要的阻力位和买点。规则 3 表明最高价的 50% 是重中之重。386.10 点的 50% 是 193.05 点，这是一个支撑位和买点。平均指数从 1929 年 9 月的最高点开始了历史上最快速的下跌，至当年 11 月 13 日到达最低点 195.35 点，正好在前面计算出的阻力位上方的 2.30 点处获得支撑，并在此形成买点。市场没有正好跌到 50% 的位置，所以它仍处于强势。我们再次运用同样的规则在最低点 195.35 点上加上 50%，就得到 293.02 点，这可能是个反弹的目标位和卖点。

1930 年 4 月 16 日，平均指数达到最高点 297.25 点，仅比我们计算的重要阻力位高出 3 点，但市场没有突破 5 点以上，因为规则 2 说明市场必须在阻力位之上 5 点，或在一个老的底部或阻力位之下 5 点，才能算是有确切的转变态势。

根据 3 日图和 9 点转向图，在这个点位，平均指数已形成头部，而且趋势转而向下之后，我们接着要计算出最低点 195.35 点和最高点 297.25 点间的中位点的位置，结果是 246.30 点。如果市场突破这个位置，就可能跌得更低。之后你会注意到，上一次反弹在 1930 年 9 月 10 日创出新高点 247.21 点，刚好在这个中位点的位置之上。后来，1930 年 11 月 13 日的最低点 195.35 点也失守了，而且平均指数还跌穿了 193.05 点，也就是 386.10 点的 50%，这说明市场处于弱势，还会继续走低。市场持续下跌，间或有一些正常的反弹，平均指数最终在 1932 年 7 月 8 日到达 40.56 点的极限最低点。如果我们将 386.10 点减去 87.5%，就得到了 48.26 点。如果我们看一下从极限最低点 28.50 点开始涨起的百分比表，就会发现上涨 50% 时的 42.75 点是一个阻力位。如果我们将 1921 年的最低点 64.00 点减去 37.5%，就会发现 40.00 点是一个支撑位。回顾 1897 年 4 月 8 日的最高点 40.37 点，在 3 日图上，平均指数在 1897 年 6 月 4 日突破该点，这使大势反转向上，平均指数直至在 1932 年 7 月 8 日的 40.56 点筑底以前，从未跌到过这个位置。

从 40.56 点的极限最低点开始，我们要计算出哪里是第一阻力位。我们在该点加上 100%，就得到了 81.12 点。

1932 年 9 月 8 日，平均指数反弹至 81.50 点，正好在这个重要的 100% 的位置上形成头部。

1933 年 2 月 27 日，平均指数下跌至最低点 49.68 点。这是次级下跌的最低点。你可以在百分比表中注意到，从 40.56 点上涨 25% 是 50.70 点，这是一个非常重要的支撑位，平均指数正好在这个位置下方 1 点处筑底。此后市场重新恢复上扬。

1933 年 7 月 18 日，平均指数上涨至最高点 110.53 点。为什么平均指数会在这个位置形成头部？从 40.56 点上涨 175% 是 111.54 点，这是个重要的阻力位；再者从最低点 64.00 点上涨 75% 是 112.00 点，这也说明它是个重要的阻力位和卖点，因为此处卖压沉重，而且时间周期也表明市场将见顶回调，此时与 1932 年 7 月的最低点相隔一年。

我们可以将同样的规则应用在最高点 110.53 点上，将这个最高点减去 25%，就得到了 82.90 点这个支撑位和买点。1933 年 7 月 18 日见顶后的三天是历史上市场下跌最迅速的时期之一，平均指数在 1933 年 7 月 21 日创下最低点 84.45 点，正好在这个重要的支撑位之上。随后一波反弹开始了，如果你在这个时候买了股票，就可以在平均指数反弹至 107 点时出货。

1933 年 10 月 21 日，平均指数跌至极限最低点 82.20 点，比支撑位 82.90 点低近 1 点。直至 1949 年 6 月 30 日我写作本书时，这是平均指数最后一次出现在如此低的位置上。将 82.20 点加上 100%，就得到了

164.40 点这个重要的阻力位。

1934 年 7 月 26 日，平均指数跌至最低点 84.58 点。市场第三次运行到这个低位附近，意味着一轮大牛市即将开始，因为指数收在了从最低点 40.56 点上涨 100% 的位置上方。此后大牛市出现了，平均指数持续上扬，直到突破 1933 年 7 月的最高点 110.53 点。市场突破这个位置后，我们该如何算出平均指数将运行到什么位置？我们知道，386.10 点的 50% 是 193.05 点，我们知道 1929 年 11 月的最低点是 195.35 点，而且我们也知道 1931 年 2 月 24 日平均指数在 196.96 点处见顶。因此，合理的阻力位和卖点可能在 193 点至 195 点之间。

1937 年 3 月 8 日，平均指数涨到最高点 195.50 点，正好处在以往的顶和底的中位点，而且 3 日图和 9 点转向图也确认这是最后的高点。我们希望计算出下一个下跌的合理位置。我们运用同样的规则，将 195.50 点减去 50% 得到 97.75 点，这是个支撑位和买点。

1938 年 3 月 31 日，平均指数创下 97.50 点的最低点。随后，新一轮牛市开始了。

1938 年 11 月 10 日，平均指数达到最高点 158.75 点。这相对前一个最低点上涨了 62.5%。从这个位置开始，大势调头向下，平均指数跌破了 50% 的关键位置，而且持续下跌，在主要的波动中，平均指数的高低点不断下移，最终又回到了 110 点以下，并跌破了 97.50 点。

1942 年 4 月 28 日，平均指数跌至最低点 92.69 点。这不仅比 1938 年的最低点低 3 点，而且还是个买点，因为这是个三重底，3 日图和 9 点转向图都可以确认这一点。对于一轮大牛市来说，这是个买股票的位置。从这个最低位置，我们可以计算出 92.69 点的百分比。上涨 50% 是 139.00 点。上涨 12.5% 是 104.27 点，也就是第一个重要的阻力位。

1942 年 8 月 7 日，平均指数跌至极限最低点 104.58 点，正好处在 104.27 点这个重要的支撑位之上，从 213.33 点到 104.27 点的中位点是 158.80 点。

下面我们要计算出平均指数反弹的重要阻力位。92.69 点至 195.50 点的 50% 是 144.09 点。1937 年的最高点 195.50 点至 1938 年的最低点 97.50 点的中位点是 146.50 点。

1943 年 7 月 15 日，平均指数达到最高点 146.50，正好处在这个让平均指数见顶回落的重要阻力位上，这个在 7 月结束的时间周期也说明市场见顶，随后的一轮调整同 1933 年 7 月时的情形一模一样。平均指数回落了，但有没有跌到足以确认大势向下的地步。请注意，从 92.69 点上涨 37.5% 是 127.44 点，平均指数从未跌破过这个位置。1943 年 11 月 30 日，最低点 128.94 点。后来，当平均指数开始上涨并向上突破 146.50 点，也就是前一个顶部及重要的阻力位时，它的下一个阻力位就是 1938 年 11 月 10 日创下顶部的 158.75 点。如果平均指数突破了这个阻力位，那么它的下一个重要点位就是上涨 50% 时的 193.00 ~ 195.00 点。

1945 年 8 月，当第二次世界大战结束时，平均指数已经在之前的 7 月 27 日创下最低点 159.95 点；如平均指数突破了以往的顶部，就预示着它将大涨。市场持续上扬，平均指数最终突破 195.50 点，所以后市看好。此后的第一个重要的百分比阻力位是 204.30 点，也就是 28.50 点至 386.10 点间的中位点。1946 年 2 月 4 日，平均指数在此形成头部，并在 2 月 26 日迅速回调至 184.04，随后又冲破了 208.00 点。再下一个阻力位是极限最高点 386.10 点至极限最低点 40.56 点间的中位点——213.33 点，而平均指数在 1946 年 5 月 29 日见顶达到 213.36 点，正好是这个重要的中位点位置。还请注意，从 40.56 点上涨 425% 是 212.94 点，这说明它是个重要的双重阻力位。

从最高点 213.36 点减去 25%，我们就得到了第一个阻力位和买点，即 160.03 点。

1946 年 10 月 30 日，极限最低点 160.49 点；1947 年 5 月 19 日，最低点 161.32 点；1949 年 6 月 14 日，最低点 160.62 点。市场三次在这个重要的支撑位筑底，而且平均指数均站在了 1945 年 7 月 27 日的最低点 159.95 点之上。

在这三个强支撑位上，平均指数在 1948 年 2 月 11 日构筑了一个更高的底部，并上涨至 1948 年 6 月 14 日的 194.94 点，再次回到了过去按 50% 计算的卖点，这种间距的顶部与底部已出现了多次，这个卖点可以从 3 日图和 9 点转向图中得到确认。

道琼斯 30 种工业股平均指数的当前位置

平均指数已经第三次在 213.46 点减去 25% 的位置获得支撑，而且平均指数曾在 1945 年 7 月 27 日见底于 159.95 点。如果平均指数跌破这些位置并收在其下，那么就可能跌至 152.00 点，也就是 40.56 点上涨 275% 的点位。下一个阻力位是 146.50 点，这是以前的顶部以及重要的中位点。

1942 年，平均指数的最低点是 92.69 点；1946 年，平均指数的最高点是 213.36 点。其中位点是 153.02 点。

截至写作本书的 1949 年 7 月 19 日，平均指数已经突破了 175 点，直指 177.5 点，这是一个阻力位，因为它是 160.49 点至 194.49 点的中位点；所以，从大约 177.5 点开始，平均指数可能会有一轮幅度不大的回调。而且，一旦平均指数向上穿越 182.5 点，即 1949 年 1 月 7 日的最高点，它就会大幅上涨。

当平均指数到达重要的阻力位，即涨至以前的顶部或跌至以前的底部时，你应当仔细研究你买卖的个股，并将所有我总结的规则应用在个股分析上。

让市场讲述自己的故事

当你开始研究股票市场时，不要有什么偏见，也不要凭希望或恐惧买卖。你要熟谙三项重要的因素：时间、价格和成交量。研究我总结的规则并付诸实践，当规则表明市场趋势出现变化时，你要随时顺势应对。让市场讲述自己的故事，并按规则得出的确定信号进行交易，这样你就可以盈利了。

专家解读

一图胜千言。

3日图和9点转向图是解读江恩在这章中所表达的股市哲学的重要工具，而正如他自己所言："我最重大的发现之一是如何计算平均指数和个股的最高价和最低价的百分比，通过极限最高价和极限最低价的百分比可以测算未来的阻力位。"

万事皆有联系，股市也不例外，在江恩看来，每个最低价和某个未来的最高价之间存在着关联，而且最低价的百分比可以指出在什么价位会出现下一个最高价。在这个价位，你可以在可控风险下卖出长线持有的股票并做空。极限最高价或任何小头部都与未来的底部或最低价位有关联。最高价的百分比告诉我们将来在哪里会出现最低价，并给出一些你可控风险的买入股票的阻力位。

江恩对数字是迷恋的，纵览江恩的全部理论，不论价格上升还是下降，在江恩的价位分析中，50%、63%和100%最为重要，它们分别与几何角度45度、63度和90度相对应，这些价位通常用来决定建立50%回调带。投资者计算50%回调位的方法是：将最高价和最低价之差除以2，再将所得结果加上最低价或从最高价减去。当然，股票价格的走势是难以预测的，我们在预测走势时应该留有余地，实际价格也许高于或低于50%的预测。根据价格水平线的概念，75%和100%作为回调位置对价格运动趋势构成强大的支持或阻力。

例如，某支股票价格从40元最高点下降到20元最低点之后开始反转，价格带的空间是40元减去20元为20元。这一趋势的50%为10元，即上升到30元时将回调。而30元与20元的价格带的50%为5元，即回调到25元时再继续上升。升势一直到40元与20元的75%，即35元再进行50%的回调，最后上升到40元完成对前一个熊市的100%回调。

那么，如何判断峰顶与峰底呢？江恩认为一年中只做几次出色的交易就可以了，为此，需要观察以年为单位的价格图，来决定一年中的顶部与底部，然后才是月线图、周线图和日线图。经过观察大量的图表，可以看到以下江恩法则的存在：价格明显地在50%回调位反转；如果价格穿过50%回调价位，下一次回调将出现在63%价位；如果价格穿过63%回调价位，下一次回调将出现在75%价位；如果价格穿过75%回调价位，下一个回调将出现在100%价位；支持位和阻力位也可能出现在50%、63%、75%和100%的重复出现的价位水准上。有时价格的上升或下降可能会突破100%回调价位。

江恩服膺市场的力量，他强调，当你开始研究股票市场时，不要有什么偏见，也不要凭希望或恐惧买卖。你要熟谙三项重要的因素：时间、价格和成交量。研究我的规则并付诸实践。当规则表明市场趋势出现变化时，随时顺势应对。让市场讲述自己的故事，并按规则得出的确定迹象进行交易，这样你就可以盈利了。

"分析，但不要预测"，江恩实践了这句话。

第五章

短期价格波动的周期

你经常会听到有人说市场因为指数涨得太快或跌得太快而需要修正，如果这种情况出现在上升通道中则说明市场已经超买，空头仓位已经清空，市场的技术面处于弱势，因此，价格回调是必然的。这时候，很可能会在短期内出现超过人们预期的、迅速而剧烈的调整，但其实这更多的是因为股价的急速下跌造成了恐慌，人们丧失了信心，认为市场会跌得更低，而实际上，短期调整已经使市场的技术面由弱转强。

当市场已经跌了一段时间时，也会出现同样的情况，因为市场已经存在过多的空头仓位，而多头清仓后，市场技术面处于弱势。结果短期内多头回补，市场陡直反弹。这会导致跟进者过于自信，相信涨势会继续，实际上却买在了反弹的顶部，市场的技术面已成弱势，市场通过急速反弹已经调整到位，结果大势转头继续向下。

为了防止对市场的趋势判断失误或犯下错误，你必须永远遵循我所总结的所有规则。要记住，当你犯了错误，或是发觉自己错了时，调整的方法就是立即离场，或在进行交易时设置止损单保护本金。要永远记

住市场上升过程中最长的时间周期，或最长的调整时间；还要记住，在
市场下跌时，熊市中出现的最长的反弹时间周期。摸清时间周期可以帮
助你确定市场趋势。这就是为什么我要回顾这些市场变化，并指出那些
出现陡直而迅速的反弹和下跌以及使市场趋势终止的支撑位和阻力位。
下面列举的走势变化是前后连续的，采用的数据是道琼斯30 种工业股平
均指数（简称"平均指数"）。

1914 年—1930 年期间的短期反弹与回调

1914 年7 月30 日，由于爆发第一次世界大战以及抛压沉重，纽约证
券交易所曾一度关闭。交易所直至1914 年12 月24 日才恢复交易，当时
巨大的套现盘曾使平均指数跌到了几年中的最低点。

1914 年12 月24 日，平均指数最低点53.17 点。从这个最低位开始，
市场持续上扬，因为经济处在有大量订单的战争时期，上市公司获利甚
丰，在1918 年11 月11 日第一次世界大战结束后，这个牛市又持续了大
约1 年。

1919 年11 月3 日，平均指数达到了最高点119.62 点，它是当时的
历史最高点，也就是从53.17 点开始，上涨了66.45 点。因此，1919 年
11 月3 日以后，特别是在平均指数已经持续上涨了5 年以后，当市场出
现陡直而快速的下跌时，你就应当明白，这可能是市场到达最后的顶部、
反转向下的信号。大势一直跌到了1921 年8 月24 日的最低点63.90 点，

间或有几次正常的反弹。这次下挫持续了近 22 个月。从 1921 年的这个最低点开始，大势调头向上，直至 1923 年 3 月 20 日的最高点 105.50 点，上涨了 19 个月。从这个最高位开始，出现了一轮下跌行情，直至 1923 年 10 月 27 日的最低点 85.50 点，也就是在 7 个月里下跌了 20 个点。这是一种正常的、自然的下跌。在 9 点转向图上常常会有 20、30、40 等点数的涨跌。但是，20 个点是正常市场中的一种常见的运动。因此，这是你在所有的走势图上，尤其是 3 日图上需要检查的地方，也是需要留心趋势变化的地方。留心第一次陡直而快速的下跌，这仅是一次调整，趋势会继续向上。

1924 年 2 月 6 日，最高点 101.50 点。市场从前一个最低点上涨了 16 点，但还没有突破 1923 年 3 月 20 日的顶部，这本来是创新高的信号。

1924 年 5 月 14 日，最低点 88.75 点。这比 1923 年 10 月 27 日的最低点高出 3 点以上，表明市场获得了更好的支撑，可以看高一线。这次下跌持续了 69 天。规则 8——时间周期说明，市场运动周期常常介于 60 至 72 天之间。

1925 年 3 月 6 日，最高点 123.50 点。这个价格超过 1919 年的最高点近 4 个点。我们的规则说明，价格必须超过前一个最高点 5 点或 5 点以上，才能确切表明市场将继续向上。然而，这是股价将继续走高的第一个迹象。但是，紧接着调整出现了，因为市场从前一个最低点 85.50 点开始就一直在上涨。

1925 年 3 月 30 日，最低点 115.00 点，平均指数下跌了 8.5 点，而不是 10.00 点，这说明这仅是一次正常的调整，市场仍处于强势。再者，平均指数没有跌到 1919 年的最高点 119.62 点以下 5 点的位置，说明市场还会上扬，而且这个仅持续了 24 天的调整是牛市中的小回挡。

1926 年 2 月 11 日，最高点 162.50 点，从前一个最低点 115.00 点上涨了 47.50 点。时间跨度是 355 天，这也是调整的时候。

1926 年 3 月 30 日，最低点 135.25 点。平均指数下跌了 37.25 点。历时 17 天。这次下跌的速度远远超过每个自然日 1 点的水平。这是牛市中的合理调整，大势继续向上。

1927 年 10 月 3 日，最高点 199.78 点，平均指数在 186 天内上涨了 60.25 点。平均指数正好在 200.00 点以下，规则 3 说明在 100.00 点、200.00 点和 300.00 点以及所有的整数关上，总存在着大量的抛压和某种阻力。这说明应当有一次调整，而这次调整确实很快就开始了。

1927 年 10 月 22 日，最低点 179.78 点，平均指数在 19 天中下跌了 20 点。这是一次调整，而且一轮涨势紧随其后。后来，平均指数突破了 200.00 点，这是创新高的迹象，平均指数进入了新的高价区。

1928 年 11 月 28 日，最高点 299.35 点，平均指数在 403 天中上涨了 119.50 点，刚好处在 300.00 点的阻力位之下，这里应当出现一次调整，尤其是在平均指数从前一个底部上涨了 1 年多的时间之后。

1928 年 12 月 10 日，最低点 254.50 点，平均指数在 12 天内下跌了

44 点。自 1921 年 8 月的大牛市开始以来，这是最陡直的一次调整。实际上，平均指数并未在这次陡直而迅速的下跌之后走低，而是开始构筑一个更高的底部。这表明调整已经结束，平均指数将继续上扬。

1929 年 3 月 1 日，最高点 324.50 点，平均指数在 81 天内上涨了 70 点，接近 325 点——一个存在抛压的位置，另一次调整又出现了。

1929 年 3 月 26 日，最低点 281 点，平均指数在 25 天内下跌了 43.5 点。注意，这与 1928 年 11 月 28 日至 12 月 10 日出现的那次下跌几乎相同。市场以同样的下跌在这些位置上获得支撑，升势将重新开始。

1929 年 5 月 6 日，最高点 331 点，平均指数在 41 天内上扬了 50 点，市场已经创下新高。这说明调整过后，市场指数还会走得更高。

1929 年 5 月 31 日，最低点 291 点，平均指数在 25 天内下跌了 41 点，这与前一次下跌的时间跨度相同，但市场构筑的底部比前一个底部高 10 点，这说明市场获得的支撑更强而且大势仍然向上，所以它会继续上扬。

1929 年 9 月 3 日，最高点 386.10 点，平均指数在 95 天内上涨 95 点。（我总结的规则之一是，快速上扬的市场会平均在一个自然日内上涨 1 点左右。）事实证明这是大牛市中的最后一个最高点。这场大牛市伴随着由巨大的买盘形成的历史上最大的成交量，实际上，买盘来自世界各地，而且大得离谱，此时出现这种现象是很自然的，因为在 1921 年 8 月至 1929 年 9 月这 8 年多时间里，市场一直在涨，而且从 64 点涨到了 386.10 点，所以观察牛市尾声信号的时候到了，而且这个信号来得非常突然，出乎意料！这里可以研究一下 3 日图，你可以看到发出第一次信号的位置。投资者持仓过重，几乎所有的做空盘都被回补，所以当大家都开始抛售时，就没有了买家，因此一场大面积的崩盘发生了。

1929 年 11 月 13 日，最低点 195.50 点，平均指数在 71 天内下跌了190.60 点，这是历史上在如此短的时间内出现的最大跌幅。这是在短时间里对超买市场的调整，随后出现了一次总是发生在第一次骤降后的反弹。这种次级反弹总是出现在持久的上扬和骤降之后。所以，在熊市中，在骤降之后会首先出现一次陡直的反弹，然后是一次形成最后底部的次级下跌，随后大势反转向上。

1929 年 12 月 9 日，最高点 267 点，平均指数在 27 天内上涨 71.5 点。这是一场因空头回补导致的，在超卖条件下的骤升，所以必会出现一次正常的快速回调。

1929 年 12 月 20 日，最低点 227 点，平均指数在 11 天内下跌 40 点。这次下跌速度太快，所以必会有反弹。

1930 年 4 月 16 日，最高点 297.5 点，平均指数在 154 天里，从 1929年 11 月 13 日的最低点上涨了 102 点。这是大熊市中的次级反弹，总是出现在这种大涨势之后。留心第一个骤降的信号，表示反弹结束，可以开始做空。看看 3 日图，你就会注意到它是如何给出反弹结束的信号的，而且平均指数继续下跌，直到 1930 年 10 月 22 日的最低点 181.50 点，也就是在 188 日内下跌了 116.5 点，期间仅出现了几次小反弹。平均指数跌破 1929 年 11 月 13 日的最低点，说明熊市在继续，而且当市场超卖时，只会出现陡直而快速的反弹，就像现在这种情况。

1930 年 10 月 28 日，最高点 198.50 点，平均指数在 16 天内上涨了 17 点。我总结的规则之一是，正常的反弹会运行 20 点左右。平均指数未能在 16 天内上涨 20 点，说明市场处于弱势，而且还会走低，此后市场果然继续下跌。

1930 年 11 月 11 日，最低点 168.50 点，平均指数在 13 天内下跌 30 点。这是一次非常快速的下跌。正是因为股价走低，所以套现压力增大。但是，在所有的骤跌之后，必定会出现短时间的快速反弹。

1930 年 11 月 25 日，最高点 191.50 点，平均指数在 15 天内上涨 33 点。这是一次陡直而快速的反弹，而且股价运动太快。反弹并没有达到 1929 年 11 月 13 日的最低点 195.50 点，说明市场很弱，平均指数还会走低。再者，反弹到达的点位低于 1930 年 10 月 28 日的最高点 198.50 点，说明大势仍然向下，而且这仅是熊市中一次短暂的反弹。

长期下跌后的套现盘以及熊市中的急速反弹

1930 年 12 月 2 日，最高点 187.50 点。市场从这个较低的顶部开始了一轮下跌行情。而且在这最后一浪的套现盘中，跌势十分惨烈，人们持仓盼望中的牛市没有出现。

1930 年 12 月 17 日，最低点 154.50 点，平均指数在 15 天内下跌了

33 点。这次下跌几乎平均每个自然日跌 2 点，比正常的下跌快得多，因此在过去的支撑位以及 150 点以上，会出现一个正常反弹的支撑点。

1931 年 2 月 24 日，最高点 196.75 点。注意，这个平均指数接近 1929 年 11 月 13 日的底部，而且比 1930 年 10 月 28 日的最高点低，根据我们的顶部会变成底部，底部会变成顶部，以及当市场到达以往的这些位置时会出现买卖点的规则，这里会形成正常的阻力位和卖点。这次反弹是从 1930 年 12 月 17 日开始的，时间跨度是 69 天。其与 1929 年 9 月 3 日至 11 月 13 日的 71 天的下跌相似，再次证明了规则 8，即 67 天至 72 天的时间周期。在 1931 年 2 月 24 日的这个顶部，平均指数从 1930 年 12 月 17 日的最低点上涨了 42.25 点。这场熊市中的快速反弹很快就结束了。通过考察和研究 3 日图，你可以看到它是怎样给出平均指数走低的信号的，不断下跌的平均指数是自 1929 年以来市场振荡的高低点依次下移造成的。每个顶部都比前一个低了一截，而底部则走得更低。所以，大势仍然向下。

1931 年 6 月 2 日，最低点 119.60 点。市场跌到了 1919 年的最高点。根据规则，反弹必将出现，因为过去的底部变成了顶部，而顶部变成了底部。所以，我们可以在这个位置期待一次反弹，因为平均指数已经从 1931 年 2 月 24 日的最高点下跌了 77.25 点，历时 98 天。

1931 年 6 月 27 日，最高点 157.50 点，平均指数在 25 天内上涨了 37.90 点。这个点位比 1930 年 12 月 17 日的底部要高，但仅高出 3 点，而规则是要高出 5 点。所以，这是一个卖点，特别是这次上涨的时间很短。

1931 年 10 月 5 日，最低点 85.5 点，平均指数在 100 天内下跌了 72 点，几乎与前一次的持续时间相同。

1931 年 11 月 9 日，最高点 119.50 点，这是 1931 年 6 月 2 日的最低点，以及 1919 年的顶部，所以这里形成了一个卖点。这次反弹的持续时间是 35 天，高度是 34 点。规则 12 说明，一次快速的反弹大约是平均每个自然日上涨 1 点。因此，你应当再次做空。观察一下 3 日图，你就会得到趋势再次调头向下的信号。

1932 年 2 月 10 日，最低点 70 点。这次快速下跌历时 92 天，平均指数下跌了 49.5 点。

1932 年 2 月 19 日，最高点 89.5 点，平均指数在 9 天内上涨了 19.5 点。这比 1931 年 10 月 5 日的最低点高 4 点，因此是一个卖点。市场的涨速减缓，并在这个位置附近遇阻，3 日图说明市场已经见顶，要再跌一程。

大熊市中最后的套现

1932 年 3 月 9 日，最高点 89.5 点，与 1932 年 2 月 19 日的一样高。时间与前一个最高点相距 18 天，市场同样在 2 月 19 日的最高点受阻，说明平均指数将进一步下跌，除非平均指数能够收在这些位置之上，但它没有。

1932 年 7 月 8 日，最低点 40.56 点，平均指数在 121 天内下跌了 49 点。在 1932 年 3 月 9 日至 1932 年 7 月 8 日的这段时间里，最高的反弹是 7.5 点和 8 点，而没有高到 10 点，根据我总结的规则，这是规模最小的反弹。这些反弹的持续时间从未超过 1、3、4 和 7 天。上一个从 6 月 9 日的最低点 44.5 点至 6 月 16 日 51.5 点的 7 日反弹，仅在 7 天里上涨了 7 点。

自 1932 年 7 月 8 日的最低点起，第一个反弹持续了 8 天，平均指数上涨了 5 点。然后是一次 3 天的调整，而平均指数仅下跌了 2 点。从此，市场开始了一轮伴随着 3 天和 5 天调整的快速反弹，直至 1932 年 9 月 8 日的最高点 81.50 点，平均指数上涨了 41 点，历时 62 天。从百分比上说，这是一次平均指数上涨 100% 的反弹。参考规则 8，就可以知道这些次级下跌或上涨将持续 60 至 67 天。

从 1930 年 4 月 16 日的最高点开始，最长的反弹时间是 69 天。而大多数反弹是 25、35 和 45 天，这些是熊市中最高的反弹。

从 1929 年 11 月 13 日至 1930 年 4 月 16 日，时间跨度是 154 天，平均指数上涨 101.25 点。

1932 年 9 月 8 日，最高点 81.5 点，市场随后出现了一轮陡直的调整。

1932 年 10 月 10 日，最低点 57.5 点，平均指数在 32 天内下跌 24 点。这是一次调整，随后市场进入了一轮中度的反弹。

9月8日最高点后的次级下跌

1933 年 2 月 27 日，最低点 49.50 点，平均指数下跌 32 点，历时 172 天。这与 1930 年 4 月 16 日开始的 154 天的次级反弹时间跨度相对照。这轮次级下跌后，罗斯福总统第一次宣誓就职，并关闭了所有的银行。当银行重新开业时，一切都开始上涨。后来我们启动了金本位，以应对通货膨胀，所以股价伴随着巨大的成交量继续上扬，这说明大势向上，牛市来临。在这些调整了市场技术位的次级下跌之后，相比大势第一次反转向上时从底部开始的第一次上扬，市场的上升速度常常更快，涨幅常常更大。

1933 年 7 月 18 日，最高点 110.50 点，平均指数从 1933 年 2 月 27 日的最低点上涨了 61 点，历时 144 天。这轮上升行情以放大了的成交量为基础，市场开始超买。这时 E·A. 克劳福德博士（Dr E. A. Crawford）破产了，他曾是谷物和其他大宗商品的大炒家之一，而且是股票的大多头。E·A. 克劳福德博士败落后，大宗商品期货市场的沉重抛压引发了股市的套现盘，造成了自 1929 年以来市场在 3 天内最猛烈的下跌。这是一轮在短时间内的陡直的调整。

1933 年 7 月 21 日，最低点 84.45 点，平均指数在 3 天内下跌 26.08 点。但平均指数仍在 1932 年 9 月 8 日的最高位之上，这说明市场的支撑良好，而且在这样一轮沉重套现盘下的骤跌之后，市场形成了一个反弹的买点。

次级反弹

当市场见顶并有了第一次骤跌之后，总会出现一轮可以把平均指数带到极限最高位附近的次级反弹，而且如果反弹的高度比一个极限顶部低得多，则说明市场的走势很弱。

1933 年 9 月 18 日，最高点 107.68 点，平均指数在 62 天内上涨 23.23 点。它比 7 月 18 日的最高点低 3 点，而且 3 日图表明很快趋势将要反转，再次调头向下。

1933 年 10 月 9 日，最高点 100.5 点；1933 年 10 月 21 日，最低点 82.20 点。平均指数在 12 天内下跌了 18.25 点。这是一场短时间内的骤跌，而且跌幅不到 20 点，这说明市场的支撑良好。这是平均指数在 1933 年至 1949 年的上扬中，到达过的最低位。实际上，这是另一轮牛市的开始，因为从 1933 年 7 月 18 日的最高点至 10 月 21 日最低点的时间跨度是 95 天。规则 8 说明上涨或下跌常常持续 90 至 98 天。

陡直调整

1934 年 4 月 20 日，最高点 107.50 点，这比 1933 年和 1934 年的顶部低。

1934 年 5 月 4 日，最低点 89.50 点，平均指数下跌了 18 点，历时 24 天。市场再次下跌的事实不仅说明它与 1933 年 10 月 21 日的跌幅没有超过 20 点的表现相同，而且还表明指数正在获得支撑，并开始走高。

最后的低点

1934 年 7 月 11 日，最高点 99.5 点。

1934 年 7 月 26 日，最低点 84.25 点，平均指数在 15 天内下跌了 15 点。规则 12 说明，一场陡直的下跌通常是每个自然日变化超过 1 点，所以，这是一个正常市场的一次正常的下跌。从 1933 年 7 月 18 日的最高点开始，市场已下跌了一年有余，所以转势的时候到了。通过研究 3 日图，你会看到市场已经见底，而且突破了 3 日图上的顶部之后，趋势已经反转向上。实际上，上一个重要的顶部是 1934 年 7 月 11 日的 99.5 点，因此突破 100 点常常是指数将要走高的信号。

1934 年 7 月 26 日是另一轮大牛市的开始，而且平均指数站在 1933 年 10 月 21 日的最低点之上 2 点的事实说明，它是 1932 年开始的牛市的继续。

1935 年 2 月 18 日，最高点 108.5 点，平均指数正好比 1934 年 4 月 20 日的顶部高出 1 点，这是个阻力位或卖点。

1935 年 3 月 18 日，最低点 96 点，平均指数在 28 天内下跌 12.5 点。这是一次仅运行了 10 点的正常凋整，它说明市场的支撑良好，平均指数随后还会上扬。

1936 年 4 月 6 日，最高点 163.25 点。从 1935 年 3 月 18 日的最底点

开始，平均指数上涨了一年有余，因此调整的时候到了。

1936 年 4 月 30 日，最低点 141.50 点，平均指数在 24 天内下跌了 21.75 点。市场再次获得支撑，而且在 3 日图上显示出向上的趋势。平均指数仅下跌 20 多点的事实说明，这是一次牛市中的正常下跌。

1936 年 8 月 10 日，最高点 170.50 点，平均指数再次高得需要调整。

1936 年 8 月 21 日，最低点 160.50 点，平均指数在 11 天内下跌了 10 点，这只是一次正常的调整。由于大势仍然向上，所以这是买进的时候。

牛市中最后的高点

1937 年 3 月 10 日，最高点 195.50 点。平均指数到达了 1929 年 11 月形成的最低点，而且正好比过去的顶部低。对于将要出现最后的最高点的市场来说，这是一个自然的阻力位和卖点。牛市是从 1932 年 7 月 8 日开始的，这是平均指数在 56 个月里上涨 155 点的结果。这轮牛市的最后一波上涨开始于 1934 年 7 月 26 日，直至 1937 年 3 月 10 日，持续了 31 个月零 12 天，涨幅是 110 点。下跌是从 1937 年 3 月 10 日开始的，根据 3 日图和所有的规则，市场无疑已经形成了最后的顶部，而且大势已经调头向下。同时，我们还知道市场在到达最后一个顶部后还会出现一次次级反弹。

熊市中的次级反弹

1937 年 6 月 14 日，最低点 163.75 点，平均指数下跌了 32.75 点，时间跨度从同年 3 月 10 日算起是 96 天，根据规则 8，这是正常的时间长度，所以次级反弹出现的时候到了。

1937 年 8 月 14 日，最高点 190.50 点，平均指数在 61 天内上涨了 26.75 点。60 天左右是重要的时间周期，而且这与 1932 年 7 月 8 日牛市结束后的次级反弹的时间跨度相同。平均指数低于 1937 年 3 月 10 日的最高点 5 点的事实说明，市场处于弱势。不久，大势掉头向下。

1937 年 10 月 19 日，最低点 115.50 点，平均指数从 1937 年 3 月 10 日的最高点下跌了 80 点，从 1937 年 8 月 4 日的最高点下跌了 75 点，而且跌到了 1919 年的底部以下，但向下突破没有超过 5 点。在超卖条件下，一轮快速的反弹到来了。

1937 年 10 月 29 日，最高点 141.50 点，平均指数在 10 天内上涨了 26 点。这次上扬很快就寿终正寝了，因为 3 日图迅速表明大势将继续向下。

熊市中最后的套现

要永远留心最后一次下跌或最后一次上涨，它是多空搏杀的决战。

1938 年 3 月 15 日，最高点 127.50 点。

1938 年 3 月 31 日，最低点 97.50 点，平均指数在 16 天内下跌了 30 点。这大约是平均每个自然日下跌 2 点，太快了。这轮从 1937 年 3 月 10 日开始的下跌已经持续了一年有余，而且指数从最高点算起跌了 50%。对转势的判断来说，这种百分比永远是重要的。

1938 年 7 月 25 日，最高点 146.50 点。反弹的时间跨度从 1938 年 5 月 27 日算起是 65 天，高度是 40 点，调整的时候到了。

1938 年 9 月 28 日，最低点 127.50 点，平均指数在 9 天内下跌了 19 点。这是一次正常的调整，而且根据我们的规则，在一个正常的市场中，这种下跌或上升行情常常运行 20 点左右，这再次成为牛市中进一步上扬的买点。

短暂牛市的终结

1938 年 11 月 10 日，最高点 158.75 点。这轮行情的时间跨度从 3 月 21 日算起是 224 天，涨幅达 61.75 点，所以一轮陡直而快速的下跌到来了。

1938 年 11 月 28 日，最低点 136 点，平均指数下跌了 22.75 点，时间跨度是 18 天。回调的幅度超过 20 点，说明牛市已经结束，而且进一步的下跌将要开始。

骤降和调整到位

1939 年 3 月 27 日，最高点 143.50 点。

1939 年 4 月 11 日，最低点 120 点，平均指数在 15 天内下跌了 23.5 点。这是对市场超卖的彻底调整，并为更高的反弹打下了基础。

从 1938 年 11 月 10 日至 1939 年 4 月 11 日，平均指数在 152 天内下跌了 38.75 点，这是平均指数的一次正常调整。

战时运动

1939 年 9 月 1 日，最低点 127.5 点。这一天德国入侵波兰，第二次世界大战爆发。人们到处买股票，并开始回补做空盘。人们相信，我们会有一轮同 1914 年至 1918 年战争期间一样的牛市。

1939 年 9 月 13 日，最高点 157.75 点，平均指数在 12 天内上涨了 30 点。这次上扬太快了，而且由于这次未能突破 1939 年 11 月 10 日的顶部 158.75 点，所以市场在这些以前的顶部位置遇到了沉重的抛压，此时市场在一个狭窄的区间内运行了一段时间，这告诉每个人一个信息，平均指数已经到达了最后的顶部，而且准备开始下跌。

1940 年 5 月 8 日，最高点 149 点。从这个位置开始，一场陡直而猛烈的下跌出现了。5 月 21 日，最低点 110.50 点，平均指数在 13 天内下跌了 38.5 点。5 月 21 日、5 月 28 日和 6 月 10 日，平均指数在这个位置形成了三重底，这说明市场的支撑良好，而且这场骤降是在德国入侵法国并得手时出现的。

随后出现的反弹一直持续到了 1940 年 11 月 8 日，这与 1938 年的最高点正好时隔两年。

1940 年 11 月 8 日，最高点 138.50 点。在这次反弹以后，市场的高低点逐渐下移、直至最后的底部出现。

最后的最低点——熊市的结束

1942 年 4 月 28 日，最低点 92.69 点。从 1938 年 3 月 31 日算起，下跌行情持续了 49 个月。1938 年 3 月 31 日的最低点是 97.50 点，1935 年 3 月 18 日的最低点是 96 点。因此，在这个时候，平均指数未能跌破以前的底部 5 点以上，这就形成了一个不久以后被 3 日图确认的买点。

从 1942 年 4 月 28 日的最低点开始，平均指数调整的幅度逐渐减小，调整的时间也逐渐缩短，这说明大势将会向上，而且在 1943 年以前，没有出现过 10 点以上的调整。

1943 年 7 月 15 日，最高点 146.50 点，平均指数进入了以前的抛压区，并且点位处于一系列底部之下。调整必将出现。

1943 年 8 月 2 日，最低点 133.50 点。平均指数在 18 天内下跌了 13 点，这是一次自然的调整。因为平均指数此前从 92.69 点到 146.50 点，上涨了 53.81 点。

1943 年 11 月 30 日，最低点 128.50 点，平均指数从 1943 年 7 月 15 日的最高点下跌了 18 点，历时 138 天。这是牛市中的一次正常调整，所以大势会继续向上。

1945 年 3 月 6 日，最高点 162.50 点。平均指数已经突破了 1938 年 11 月 10 日的最高点 158.75 点，说明市场仍处于牛市，平均指数将继续走高，但是紧接着一场陡直的调整出现了。

1945 年 3 月 26 日，最低点 151.50 点，平均指数在 20 天内下跌了 11 点。注意，1940 年 4 月 8 日的最高点是 152 点，从那以后曾出现过一次大的下跌。所以，当平均指数跌到 1945 年 3 月 26 日的 151.50 点时，达到了以往的顶部位置，而且这也是一个买入或支撑位置。

1945 年 5 月 8 日，对德作战进入尾声，这对股市来说是利好消息，因此，市场开始上扬。

1945 年 5 月 31 日，最高点 169.50 点。对于目前的市场运动来说，这是一个新的高位。

1945 年 7 月 27 日，最低点 159.59 点，市场在 57 天内下跌了 9.55 点。平均指数未能回调 10 点，说明市场仍处于牛市，因为这是正常的调整点数。平均指数停在了 1938 年 11 月 10 日的最高点上，这说明市场走势强劲。

1945 年 8 月 14 日，对日作战结束。这是利好消息，所以一轮涨势开始了。

1945 年 11 月 8 日，最高点 192.75 点。平均指数涨到了以前的密集成交区，即之前的底部和顶部的下方，随后出现了一次自然的调整。

1945 年 11 月 14 日，最低点 182.75 点，平均指数在 6 天内下跌了 10 点，这与以前出现的调整相同，而且正常的回调表明大势仍然向上。

1945 年 12 月 10 日，最高点 196.50 点，平均指数涨到了以往的顶部、底部和密集成交区域，这里会出现调整。

1945 年 12 月 20 日，最低点 187.50 点，平均指数在 10 天内下跌了 9 点，所以这是一次正常的调整。注意，平均指数已经突破了 1937 年的最高点，它说明市场还将走高，特别是在时隔 7 年多之后。

1946 年 2 月 4 日，最高点 207.49 点。此时的市场已经在大成交量下上涨了几个月，陡直的调整必将出现。

1946 年 2 月 26 日，最低点 184.05 点，平均指数在 22 天内下跌了 23.44 点。这是自 1942 年 8 月 28 日以来最陡直的下跌，所以它是牛市正在接近尾声的第一次警告。

随后，一波行情使平均指数涨到了 1946 年 4 月 10 日的最高点 208.93 点，这比 1946 年 2 月 4 日的最高点高，市场还在上扬。但是，这是一个短期的双顶，一轮调整随后出现。

1946 年 5 月 6 日，最低点 199.26 点，平均指数在 26 天内下跌了 9.67 点，这是一次正常的调整，而且平均指数收在 200 点的位置上，说明市场支撑良好，平均指数会进一步上扬。

最后的顶部——牛市的终结

1946 年 5 月 29 日，最高点 213.36 点，这是从 1942 年 4 月 28 日开始的牛市的结尾。这轮牛市正好持续了 49 个月，这与 1938 年的底部至 1942 年的底部间的时间跨度相同。平均指数上涨了 120.75 点。平均指数仅超过了 1946 年 2 月 4 日的最高点 6 点的事实说明，2 月的第一个突破信号是对牛市终结的正确警告。1946 年 5 月 29 日最高点后的 3 日图迅速确认大势已经调头向下。

1946 年 6 月 21 日，最低点 198.50 点，平均指数在 23 天内下跌了 14.86 点。这是牛市已经结束的第一个信号，但一轮次级反弹紧接着出现了。

1946 年 7 月 1 日，最高点 208.50 点，平均指数涨到了与 1946 年 2 月的最高点大致相同的位置，在 10 天内上涨 10 点是熊市中的正常反弹。

1946 年 7 月 24 日，最低点 195.50 点，平均指数跌到了 1937 年以及 1945 年 12 月的顶部。这是回调的支撑位。

1946 年 8 月 14 日，最后一个最高点 205.25 点。市场随后大跌，平均指数跌破了 184 点，也就是 1946 年 2 月 26 日的最低点，这说明大势已经向下。还要注意，1946 年 8 月 14 日的点位是大势反转向下后次级反弹形成的最后一个最高点。

除 1929 年的那次牛市外，1942 年 4 月至 1949 年 5 月的牛市的持续时间最长。所以，一轮持续时间很短的陡直调整随之出现了。

1946 年 10 月 30 日，最低点 160.49 点，平均指数从这一年 5 月 29 日的最高点下跌了 53 点，历时 154 天。注意，1945 年 7 月 27 日的最低点 159.95 点，使这里成为了一个支撑位和买点。从 1946 年 5 月的最高点至 10 月的最低点，平均指数下跌了 25%，历时 154 天，这是对超买市场的一次调整，到那时为止，市场仅有一些正常的调整。从 1946 年 10 月 30 日的最低点开始，市场出现了一轮反弹。

1947 年 2 月 10 日，最高点 184.50 点，平均指数在 103 天内上涨了 24 点，正处于 1946 年 2 月的底部之下。时间相隔一年，这对转势来说很重要。因此，1947 年 2 月 5 日—10 日的走势变化非常重要。

次级下跌

1947 年 5 月 5 日，最高点 175.50 点；5 月 19 日，最低点 161.50 点。平均指数在 14 天内下跌了 4 点。这完全符合我们的规则，也就是正常的市场大约每个自然日变化 1 点。这个底比 1946 年 10 月 30 日的底高，这使它成为了一个双底和买点，这在 3 日图上得到了确认。

1947 年 7 月 25 日，最高点 187.50 点，平均指数在 67 天内上涨了 26 点。这是 60 天至 72 天的正常反弹周期之一，因此市场将出现回调。

1947 年 9 月 9 日和 9 月 26 日，最低点 174.50 点，平均指数在 46 天内下跌了 13 点。市场随后出现了反弹。

1947 年 10 月 20 日，最高点 186.50 点，平均指数在 24 天内上涨 12 点，这个顶部比 1947 年 7 月的顶部低，说明这里是个卖点，而趋势将继续向下。

1948 年 2 月 11 日，最低点 164.04 点，平均指数从 1947 年 7 月开始下跌了 23.40 点。这个底比 1946 年 10 月和 1947 年 5 月的底高，说明市场的支撑良好，而且这里是个买点。在 3 日图上，平均指数先在一个狭窄的区间内运行了 1 个月，然后向上攀升。

1948 年 6 月 14 日，最高点 194.49 点，平均指数从 2 月 11 日开始上涨了 30.45 点，历时 126 天，这期间没有哪次调整持续 6 天以上，也没有哪次调整的幅度超过 4 点，市场明显超买，自然的调整必将出现。平均指数涨到了过去的底部和顶部——1937 年的各个最高点和 1929 年的各个最低点，使这里成了一个阻力位和卖点。

1948 年 7 月 12 日，最后一个最高点 192.50 点；7 月 19 日，最低点 179.50 点，平均指数在 7 天内下跌了 13 点，这是平均指数将进一步下跌的信号。

1948 年 9 月 7 日，最低点 175.50 点，平均指数跌到了过去的支撑位，这说明 9 月里开始的反弹对趋势的变化总是很重要。

1948 年 10 月 26 日，最高点 190.50 点，平均指数在 29 天内上涨了 15 点，这个顶部比前一个低，这个指数与 1937 年 8 月 14 日市场调头下跌时的相同。牢记时间周期和过去的这些点位永远都是非常重要的。此时，平均指数比 1948 年 6 月和 7 月时的低，而且又与 1946 年 10 月时隔 2 年，这对转势的判断来说很重要。

大选后的暴跌

1948 年 11 月 1 日，最高点 190 点；11 月 30 日，最低点 170.50 点。平均指数在 29 天内下跌了 18 点，跌到了一个会导致反弹的支撑位。

1949 年 1 月 7 日和 24 日，最高点 182.50 点，平均指数上涨了 11 点，历时 38 天。规则 8 告诉我们，当平均指数到达 1 月 7 日和 24 日间的最高点之后，又跌破 1 月初创下的最低点时，趋势将向下。

在 1949 年 1 月 24 日之后，平均指数未能突破 1 月 7 日的最高点，说明市场处在顶部，是该出货的时候。

1949 年 2 月 25 日，最低点 170.5 点，这仅比 1948 年 11 月 30 日的最低点低 1 点，是反弹的支撑位。

1949 年 3 月 30 日，179.15 点，平均指数从 2 月 25 日的最低点上涨了 8.65 点，未能在 33 天内上涨 9 点。市场未能上涨 9 点的事实说明，市场走势很弱，平均指数将进一步走低。

记住规则 8，即重要的转势常常出现在 5 月 5 日至 10 日。1949 年 5 月 5 日，最后一个最高点 177.25 点，它比 3 月 30 日的最高点低，也比 4 月 18 日的最高点低，这说明大势仍然向下。市场继续下跌。

1949 年 6 月 14 日，最低点 160.62 点，平均指数从 1949 年 3 月 30 日

起下跌了 18.43 点，历时 76 天。这是平均指数第三次到达同样的低位。

1946 年 10 月 30 日，最低点 160.49 点；1947 年 5 月 19 日，最低点 161.38 点；1948 年 11 月 30 日，最低点 170.50 点。从 1949 年 5 月 5 日至 6 月 14 日的最后一次下跌行情，正好在 40 天内跌去了 16.63 点，而且平均指数第三次到达同样的低位，并与 1948 年 6 月 14 日出现的最高点正好相隔 1 年，说明这里是一个买点，反弹的时候到了。

从 1949 年 6 月 14 日开始的反弹一直持续到了撰写本书时的 1949 年 7 月 17 日，平均指数已经涨到了 175 点之上，这是迄今为止，从 1949 的任何最低点开始算起的最大涨幅。

专家解读

追涨杀跌，看似简单，实有玄机。

在江恩看来，选股方面，投资者应该当心那些在牛市大受追捧、节节上涨的公司，一旦市场气氛恶化而走势逆转，这些股票往往首当其冲，在这些情况下，持有这些股票将是十分危险的。

与此同时，我们也要看到，当股票价值在不断下跌的时候，前景总是看起来越来越悲观，而媒体报出来的经济新闻也总是越来越悲观，在指数最低的时候，前景看起来总是最糟糕的。

股票市场是一个非常好的体现经济周期的指针。

黎明之前的那段时光总是最黑暗的。

华尔街也好，中国 A 股也好，倒是应了那句老话"万变不离其宗。"巨大的利润变成惨重的亏损；新的理论在建立之后又被推翻；紧随着人们的喜悦而来的却是绝望；所有的一切都与历史上曾发生过的轮回是如此一致。几乎不言而喻的是，大股灾的废墟中将酝酿出获取巨额投机收益的新机会。而我们似乎仍然有理由相信那些古老的投机格言："对于投机者来说，懂得何时买卖要比懂得买卖什么更重要"，以及"亏损的投机者要比获利的投机者多，这几乎是一个数学定律"。

最大的危险就在于买得太早，等不及上涨又去抛掉。而在恰当的时间卖出要比在恰当的时间买入更难。

这样说的另一个原因是，只选择超值低价股的股民，往往对市场会过早地失去信心。某段时期，一支股票的股价被过分高估，股民过于看好，可是随之而来的往往是一段萧条低迷的时期，而且事实通常如此。

同样，原本绝好的交易环境也会急转直下变得糟糕起来。在市场活跃期，股票可以高价出售，甚至它们价格的提高幅度往往超出了那些很早就逢低买入的人们的乐观推测。一旦股票的估值回归到正常价值，或者人们已经开始发觉股票的估值过高，这些人就会对市场失去信心。因此，就算投资者拥有成功将股票卖出变现的经历，也不能简单地逆向推导，将之作为可以抓住买入良机的理由之一，只是当我们在探讨清仓的最佳时机的时候，它也许是一个不错的案例。但是，我们这里所关心的并不是如何开始一项投资，而是如何处理已持有的股票。如果只是长期持有而不果断地适时出手，那么股票投资的成绩必然不能让人满意。

适合的就是最好的，用自己喜欢的挣钱方式赚钱是最快乐的。

别忘记，香港散户之王曹仁超在 40 年投资中增值 4 万倍。其实，一个股民的盈利都是奠基在他人亏损的基础上的。在短期牛市中，股市可能造成一种错觉，即股民人人都是盈利者，其实这种盈利是虚幻的。

我们要学会逆向思维。

安东尼·波顿（AnthonyBolton），浸淫基金管理行业 30 余年，负责的基金总计有超过 900 倍的投资回报率，多次被评为最佳基金经理，享有"欧洲的彼得·林奇"美誉。安东尼·波顿身上的光环足够耀眼。然而，他对这种光环却似乎并不在意，他甚至说自己其实最害怕的就是预测市场。安东尼·波顿永远是一副绅士模样，无论面对多么刁钻的投资人，他总是保持着有限度但礼貌的微笑，总是耐心等待冗长的提问结束，然后给予彬彬有礼的回答。作为全球最伟大的投资大师之一，安东尼·波顿并不是侃侃而谈的类型，无论简单或是复杂的问题，安东尼·波顿总是要在思考后才会做出回答。

事实上，这位全球投资大师不断地强调，逆向投资一直在被人们所误读。安东尼·波顿历经过 1987 年的股市大崩盘，与 2001 年的"9·11 恐怖袭击"。对此，他曾回忆说，在 1987 年大崩盘过后，专家们的意见在当时非常悲观，甚至有经验丰富的投资经理说："如果世界上最大的股票市场一天内下跌都超过 22%，那么投资事业将永远难以复原。"还有大量的研究员预测，这次股市的大崩盘将引起一次严重的经济衰退，甚至是经济大萧条。

然而安东尼·波顿基于逆向投资的思考，并不苟同当时主流的言论，并认为市场一定会复苏，大崩盘反而创造了一个极佳的买进机会。后来的历史证明他的判断正确，随后美国股市展开长达数年的牛市行情。另外，在2001年"9·11事件"发生前，安东尼·波顿正研究保险行业的投资机会，认为前景看好。虽然突然发生"9·11事件"这有史以来最严重、最糟糕的保险损失事件，但安东尼·波顿的经验告诉他，事件后的几个月内，将会是那些受事件影响最严重股票的买进时机，并随即大量增持保险业、旅馆业以及交通业相关的公司股票，而后在市场复苏后大赚了一笔。

在投资领域里，如果你想要超越别人，想击败市场上所有也想做到同样结果的人，那你一定不能被市场左右，你必须反其道而行之，做到与众不同。

你看到的是危机，还是机会？

还有就是，判断市场是否形成卖点的信号，或者说判断股市是否形成顶部的信号具体如下。

第一个信号是股价指数创新高，然而成交量却呈现萎缩，这表示市场上的股票需求不振，股价随时可能下跌。

第二个信号则是成交量接连几天扩张，但是股价指数的涨幅相当有限，这表示股市主力或大户有出脱持股的现象，指数可能已达顶部。

假如股价下跌，你必须当机立断，尽快止损。股市的制胜秘诀并不在于你每次都选中好股，而是在于你选错股票时，能将可能招致的亏损降到最低。你必须明白自己绝不可能在股价涨到最高点时才出脱。因此，你如果因为卖出股票后该股股价仍持续上扬而自责，实在是再愚蠢不过的事。所谓获利了结的意义是你已经靠卖出股票而赚了一笔，因此没有必要因为股价在卖出后持续上扬，而感到懊恼。假如你所遭遇的亏损不是由于你的错误所造成，这就表示整个股市大势不好。如果你的股票持续亏损，你最好是暂时出场避开风头。

凡知兵者皆慎战，凡慎战者先谋败。

在股票投资中，判断方向和风险控制的重要性是等同的，不分孰轻孰重。巴菲特说过："第一，永远不要让自己的本金亏损；第二，永远不要忘了第一条。"交易是战场，不是舞台；技术分析需要的是实效，而不是炫技。技术分析之根本目的不是预测，而是提高交易胜算，预测正确但不能赚钱的分析，只是花拳绣腿而已。

归根结底，任何交易策略都有三个价格组成：进场价、止损价和目标价。

交易的指导原则是：顺势交易，果断止损，让盈利持续增长。三项原则和三个价格遥相呼应，将三项原则融合到市场波动中，演绎出三个价格，这就是交易。一个分析准确率在40%左右的投资者和一个分析准确率在 80% 左右的投资者，谁有机会能长期生存呢？表面看，似乎是后者胜算更大一些，但如果不能有效地实施止损措施，不能有效地控制风险，前者有可能比后者表现得更好。假设两个人都是 100 万元资金，前者每次的风险控制在 2%，十次交易中四次盈利，六次亏损，结果六次亏损损失是 12 万元；而后者每次的风险控制在 20%，十次交易中两次亏损，亏损额达 40 万元。在此情况下，后者必须比前者多盈利 28 元万才能保持一样的业绩，如果后者在十次交易中刚开始就连续两次亏损，那么继续交易的本金实际上是 60 万元。在资金量大幅缩水情况下去实现 28 万元的盈利，意味着股价要上涨近 50%，难度无疑增大了许多。

因此，如果不能有效止损，合理控制风险，那么即使有比较高的准确率，也未必有好的业绩表现。

彼得·林奇表示，投资成功的关键就是小亏大盈，将亏损幅度控制在尽可能小的范围，而尽可能无限放大盈利，让利润奔跑。目前，国内追求绝对收益的私募基金多秉持这一投资理念，在熊市中小亏甚至不亏，在牛市中实现持股市值的大幅增长。

止损是交易成功的核心，设立止损才是技术分析最关键的用途，趋势判断只是为了设立止损服务的。

很多投资者在实际操作中，只看到了炫目的利润，而忘记或是淡化了风险，最后陷入困境，不得不永远离开这个市场。

华尔街有句名言：“当所有的分析都失效的时候，我就使用最古老的保护措施——止损单。"

　　只有控制好风险，才有可能长期在股市中生存，才有可能等到好的投机机会，才能不断地取得胜利。屡败屡战靠的是意志，值得鼓励，但这不是重点，关键是屡败之后还有屡战的本钱。

第六章

平均指数重要摆动的周期

如果你有道琼斯工业股平均指数每次涨跌的时间记录，并且熟知涨跌的幅度，那么你就能判断市场的未来运行周期，并能在以往重复次数最多的重要时间循环的尾声观察到趋势的变化。

在下表中，平均指数后的字母"A"代表上涨，其后是上涨的时间。而字母"D"代表下跌，其后的天数表示市场从上个指数位下跌所经历的时间。

1912 年	10 月 8 日	最高点	94.25 点		
1913 年	6 月 11 日	最低点	72.11 点	D	246 天
	9 月 13 日	……	83.50 点	A	94 天
	12 月 15 日	……	75.25 点	D	95 天
1914 年	3 月 20 日	……	83.50 点	A	95 天
	2 月 24 日	……	53.17 点	D	279 天
1915 年	4 月 30 日	……	71.78 点	A	127 天
	5 月 14 日	……	60.50 点	D	14 天

	12 月 27 日	……	99.50 点	A	199 天
1916 年	7 月 13 日	……	86.50 点	A	198 天
	11 月 21 日	……	110.50 点	A	30 天
	12 月 21 日	……	90.50 点	A	30 天
1917 年	1 月 2 日	……	99.25 点	A	14 天
	2 月 2 日	……	87.00 点	D	31 天
	6 月 9 日	……	99.25 点	A	127 天
	12 月 19 日	……	65.90 点	D	192 天
1918 年	10 月 18 日	……	89.50 点	A	304 天
1919 年	2 月 8 日	……	79.15 点	D	103 天
	7 月 14 日	……	112.50 点	A	156 天
	8 月 20 日	……	98.50 点	D	37 天
	11 月 3 日	……	119.62 点	A	26 天
	11 月 29 日	……	103.50 点	A	26 天
1920 年	1 月 3 日	……	109.50 点	A	35 天
	2 月 25 日	……	89.50 点	D	53 天
	4 月 8 日	……	105.50 点	A	42 天
	5 月 19 日	……	87.50 点	D	41 天
	7 月 8 日	……	94.50 点	A	50 天
	8 月 10 日	……	83.50 点	D	33 天

	9 月 17 日	……	89. 75 点	A	38 天
	12 月 21 日	……	65. 90 点	D	96 天
1921 年	5 月 5 日	……	80. 50 点	A	135 天
	6 月 20 日	……	64. 75 点	D	46 天
	7 月 6 日	……	69. 75 点	A	16 天
	8 月 24 日	……	63. 90 点	D	49 天
1922 年	10 月 14 日	……	103. 50 点	A	52 天
	11 月 14 日	……	93. 50 点	D	31 天
1924 年	2 月 6 日	……	101. 50 点	A	84 天
	5 月 14 日	……	88. 75 点	D	98 天
	5 月 20 日	……	105. 50 点	A	98 天
	10 月 14 日	……	99. 50 点	D	55 天
1925 年	1 月 22 日	……	123. 50 点	A	100 天
	2 月 16 日	……	117. 50 点	D	25 天
	3 月 6 日	……	125. 50 点	A	18 天
	3 月 30 日	……	115. 00 点	D	24 天
	4 月 18 日	……	122. 50 点	A	19 天
	4 月 27 日	……	119. 60 点	D	9 天
	11 月 6 日	……	159. 25 点	A	192 天
	11 月 24 日	……	148. 50 点	D	18 天

1926 年	2 月 11 日	……	162.50 点	A	78 天
	3 月 3 日	……	144.50 点	D	20 天
	3 月 12 日	……	153.50 点	A	9 天
	3 月 30 日	……	135.50 点	D	18 天
	4 月 24 日	……	144.50 点	A	25 天
	5 月 19 日	……	137.25 点	D	25 天
	8 月 24 日	……	162.50 点	A	97 天
	10 月 19 日	……	145.50 点	D	56 天
	12 月 18 日	……	161.50 点	A	60 天
1927 年	1 月 25 日	……	152.50 点	D	38 天
	5 月 28 日	……	172.50 点	A	123 天
	6 月 27 日	……	165.50 点	D	30 天
	10 月 3 日	……	195.50 点	A	97 天
1928 年	1 月 3 日	……	203.50 点	A	73 天
	1 月 18 日	……	191.50 点	D	15 天
	3 月 20 日	……	214.50 点	A	62 天
	4 月 23 日	……	207.00 点	D	34 天
	5 月 14 日	……	220.50 点	A	21 天
	5 月 22 日	……	211.50 点	D	8 天
	6 月 2 日	……	220.50 点	A	13 天

	6 月 18 日	......	202.00 点	D	16 天
	7 月 5 日	......	214.50 点	A	19 天
	7 月 16 日	......	205.00 点	D	11 天
	10 月 24 日	......	260.50 点	A	100 天
	10 月 31 日	......	249.00 点	D	7 天
	11 月 28 日	......	298.50 点	A	28 天
	12 月 10 日	......	254.36 点	D	12 天
1929 年	2 月 1 日	......	325.00 点	A	53 天
	2 月 18 日	......	293.00 点	D	17 天
	3 月 1 日	......	325.00 点	A	13 天
	3 月 26 日	......	281.50 点	D	25 天
	5 月 6 日	......	331.00 点	A	41 天
	5 月 31 日	......	291.00 点	D	24 天
	7 月 8 日	......	350.50 点	A	38 天
	7 月 29 日	......	337.00 点	D	21 天
	9 月 3 日	......	386.10 点	A	36 天
	10 月 4 日	......	321.00 点	A	31 天
	10 月 11 日	......	358.50 点	A	7 天
	10 月 29 日	......	210.50 点	D	18 天
	11 月 8 日	......	245.00 点	A	10 天

	11 月 13 日	……	195. 50 点	D	5 天
	12 月 9 日	……	267. 00 点	A	27 天
	12 月 20 日	……	227. 00 点	D	11 天
1930 年	2 月 5 日	……	274. 00 点	A	47 天
	2 月 25 日	……	259. 50 点	D	20 天
	4 月 16 日	……	297. 75 点	A	50 天
	5 月 5 日	……	249. 00 点	D	19 天
	6 月 2 日	……	275. 00 点	A	28 天
	6 月 25 日	……	207. 50 点	D	23 天
	7 月 28 日	……	243. 50 点	A	33 天
	8 月 9 日	……	234. 50 点	D	12 天
	9 月 10 日	……	247. 00 点	A	32 天
	10 月 18 日	……	183. 50 点	D	38 天
	10 月 28 日	……	298. 50 点	A	10 天
	11 月 10 日	……	168. 25 点	D	13 天
	11 月 25 日	……	191. 50 点	A	15 天
	12 月 17 日	……	154. 50 点	D	22 天
1931 年	2 月 24 日	……	196. 75 点	A	59 天
	4 月 29 日	……	142. 00 点	D	64 天
	5 月 9 日	……	156. 00 点	A	10 天

	6 月 2 日	………	119.50 点	D	24 天
	6 月 27 日	………	157.50 点	A	25 天
	8 月 6 日	………	132.50 点	D	40 天
	8 月 15 日	………	146.50 点	A	9 天
	10 月 5 日	………	85.50 点	D	51 天
	11 月 9 日	………	119.50 点	A	35 天
1932 年	1 月 5 日	………	69.50 点	D	57 天
	1 月 14 日	………	87.50 点	A	9 天
	2 月 10 日	………	70.00 点	D	27 天
	2 月 19 日	………	89.50 点	A	9 天
	6 月 2 日	………	43.50 点	D	103 天
	6 月 16 日	………	51.50 点	A	14 天
	7 月 8 日	………	40.60 点	D	22 天
	9 月 8 日	………	81.50 点	A	62 天
	10 月 10 日	………	57.50 点	D	32 天
	11 月 12 日	………	68.50 点	A	33 天
	12 月 3 日	………	55.50 点	D	21 天
1933 年	1 月 11 日	………	65.25 点	A	39 天
	2 月 27 日	………	49.50 点	D	47 天
	7 月 18 日	………	110.50 点	A	141 天

	7 月 21 日	……	84.50 点	D	3 天
	9 月 18 日	……	107.50 点	A	59 天
	10 月 21 日	……	82.20 点	D	33 天
1934 年	2 月 5 日	……	111.50 点	A	107 天
	3 月 27 日	……	97.50 点	D	50 天
	4 月 20 日	……	107.00 点	A	24 天
	5 月 14 日	……	89.50 点	D	24 天
	6 月 19 日	……	101.25 点	A	36 天
	7 月 26 日	……	84.50 点	D	37 天
	8 月 25 日	……	96.25 点	A	30 天
	9 月 17 日	……	85.75 点	D	23 天
1935 年	1 月 7 日	……	106.50 点	A	112 天
	2 月 6 日	……	99.75 点	D	30 天
	2 月 18 日	……	108.50 点	A	12 天
	3 月 18 日	……	96.00 点	D	28 天
	9 月 11 日	……	135.50 点	A	177 天
	10 月 3 日	……	126.50 点	D	22 天
	11 月 20 日	……	149.50 点	A	48 天
	12 月 16 日	……	138.50 点	D	26 天
1936 年	4 月 6 日	……	163.25 点	A	112 天

	4 月 24 日	……	141. 50 点	D	18 天
	8 月 10 日	……	170. 50 点	A	108 天
	8 月 21 日	……	160. 50 点	D	11 天
	11 月 18 日	……	186. 25 点	A	89 天
	12 月 21 日	……	175. 25 点	D	33 天
1937 年	3 月 10 日	……	195. 50 点	A	79 天
	4 月 9 日	……	175. 50 点	D	30 天
	4 月 22 日	……	184. 50 点	A	13 天
	6 月 14 日	……	163. 75 点	D	53 天
	8 月 14 日	……	109. 50 点	A	61 天
	10 月 19 日	……	115. 50 点	D	67 天
	10 月 29 日	……	140. 50 点	A	10 天
	11 月 23 日	……	112. 50 点	D	25 天
	12 月 8 日	……	131. 25 点	A	15 天
	12 月 29 日	……	117. 50 点	D	21 天
1938 年	1 月 15 日	……	134. 50 点	A	17 天
	2 月 4 日	……	117. 25 点	D	20 天
	2 月 23 日	……	133. 00 点	A	19 天
	3 月 31 日	……	97. 50 点	D	36 天
	4 月 18 日	……	121. 50 点	A	18 天

	5 月 27 日	……	106. 50 点	D	39 天
	7 月 25 日	……	146. 50 点	A	59 天
	8 月 12 日	……	135. 50 点	D	18 天
	8 月 24 日	……	145. 50 点	A	12 天
	9 月 28 日	……	127. 50 点	D	35 天
	11 月 10 日	……	158. 75 点	A	43 天
	11 月 28 日	……	145. 50 点	D	18 天
1939 年	1 月 5 日	……	155. 50 点	A	38 天
	1 月 26 日	……	136. 25 点	D	21 天
	3 月 10 日	……	152. 50 点	A	43 天
	4 月 11 日	……	120. 25 点	D	31 天
	6 月 2 日	……	140. 50 点	A	52 天
	6 月 30 日	……	128. 75 点	D	28 天
	7 月 25 日	……	145. 50 点	A	25 天
	8 月 24 日	……	128. 50 点	D	30 天
	8 月 30 日	……	138. 25 点	A	6 天
	9 月 1 日	……	127. 50 点	D	2 天
	9 月 13 日	……	157. 50 点	A	12 天
	9 月 18 日	……	147. 50 点	D	5 天
	10 月 26 日	……	156. 00 点	A	38 天

	11 月 30 日	……	144.50 点	D	35 天
1940 年	1 月 3 日	……	153.50 点	A	34 天
	1 月 15 日	……	143.50 点	D	12 天
	3 月 28 日	……	152.00 点	A	73 天
	5 月 21 日	……	110.61 点	D	54 天
	5 月 23 日	……	117.50 点	A	2 天
	5 月 28 日	……	110.50 点	D	5 天
	6 月 3 日	……	116.50 点	A	6 天
	6 月 10 日	……	110.50 点	A	7 天
	7 月 31 日	……	127.50 点	A	51 天
	8 月 16 日	……	120.50 点	D	16 天
	9 月 5 日	……	134.50 点	A	20 天
	9 月 13 日	……	127.50 点	D	8 天
	9 月 24 日	……	135.50 点	A	11 天
	10 月 15 日	……	129.50 点	D	19 天
	11 月 8 日	……	138.50 点	A	24 天
	12 月 23 日	……	127.50 点	D	45 天
1941 年	1 月 10 日	……	134.50 点	A	18 天
	2 月 19 日	……	117.25 点	D	40 天
	4 月 4 日	……	125.50 点	A	44 天

	5 月 1 日	……	114. 50 点	D	27 天
	7 月 22 日	……	131. 50 点	A	82 天
	8 月 15 日	……	124. 50 点	D	24 天
	9 月 18 日	……	130. 25 点	A	34 天
	12 月 24 日	……	105. 50 点	D	97 天
1942 年	1 月 6 日	……	114. 50 点	A	13 天
	4 月 28 日	……	92. 69 点	D	112 天
	6 月 9 日	……	106. 50 点	A	42 天
	6 月 25 日	……	102. 00 点	D	17 天
	7 月 9 日	……	109. 50 点	A	14 天
	8 月 7 日	……	104. 40 点	D	29 天
	11 月 9 日	……	118. 50 点	A	94 天
	11 月 25 日	……	113. 50 点	D	16 天
1943 年	4 月 6 日	……	137. 50 点	A	132 天
	4 月 13 日	……	129. 75 点	D	7 天
	7 月 15 日	……	146. 50 点	A	93 天
	8 月 2 日	……	133. 50 点	D	18 天
	9 月 20 日	……	142. 50 点	A	49 天
	11 月 30 日	……	128. 50 点	D	71 天
1944 年	1 月 11 日	……	138. 50 点	A	42 天

	2 月 7 日	……	134. 25 点	D	27 天
	3 月 16 日	……	141. 50 点	A	38 天
	4 月 25 日	……	134. 75 点	D	40 天
	7 月 10 日	……	150. 50 点	A	76 天
	9 月 7 日	……	142. 50 点	D	59 天
	10 月 6 日	……	149. 50 点	A	29 天
	10 月 27 日	……	145. 50 点	D	21 天
	12 月 16 日	……	153. 00 点	A	50 天
	12 月 27 日	……	147. 75 点	D	11 天
1945 年	3 月 6 日	……	162. 25 点	A	69 天
	3 月 26 日	……	151. 50 点	D	20 天
	5 月 31 日	……	169. 50 点	A	66 天
	7 月 27 日	……	159. 95 点	D	57 天
	11 月 8 日	……	192. 75 点	A	104 天
	11 月 14 日	……	182. 75 点	D	6 天
	12 月 10 日	……	196. 50 点	A	26 天
	12 月 20 日	……	187. 50 点	D	10 天
1946 年	2 月 4 日	……	207. 50 点	A	46 天
	2 月 26 日	……	184. 04 点	D	22 天
	4 月 18 日	……	209. 50 点	A	51 天

	5 月 6 日	……	199.50 点	D	18 天
	5 月 29 日	……	213.36 点	A	23 天
	6 月 12 日	……	207.50 点	D	14 天
	6 月 17 日	……	211.50 点	A	5 天
	6 月 21 日	……	198.50 点	D	4 天
	7 月 1 日	……	208.50 点	A	10 天
	7 月 24 日	……	194.50 点	D	23 天
	8 月 14 日	……	205.25 点	A	21 天
	9 月 19 日	……	164.50 点	D	36 天
	9 月 26 日	……	176.50 点	A	7 天
	10 月 10 日	……	161.50 点	D	14 天
	10 月 16 日	……	177.25 点	A	6 天
	10 月 30 日	……	160.62 点	D	14 天
	11 月 6 日	……	175.00 点	A	7 天
	11 月 22 日	……	162.50 点	D	16 天
1947 年	1 月 7 日	……	179.50 点	A	46 天
	1 月 16 日	……	170.25 点	D	9 天
	2 月 10 日	……	184.50 点	A	25 天
	2 月 15 日	……	172.00 点	D	5 天
	3 月 28 日	……	179.50 点	A	41 天

	4 月 15 日	……	165.50 点	D	18 天
	5 月 5 日	……	175.50 点	A	20 天
	5 月 19 日	……	161.50 点	D	14 天
	7 月 14 日	……	187.50 点	A	56 天
	9 月 9 日	……	174.50 点	D	57 天
	10 月 20 日	……	186.00 点	A	41 天
	12 月 6 日	……	175.50 点	D	47 天
1948 年	1 月 5 日	……	181.50 点	A	30 天
	2 月 11 日	……	164.04 点	D	37 天
	6 月 14 日	……	194.49 点	A	124 天
	7 月 19 日	……	179.50 点	D	35 天
	7 月 28 日	……	187.00 点	A	9 天
	8 月 11 日	……	176.50 点	D	14 天
	9 月 7 日	……	185.50 点	A	27 天
	9 月 27 日	……	175.50 点	D	20 天
	10 月 26 日	……	190.50 点	A	29 天
	11 月 30 日	……	171.50 点	D	35 天
1949 年	1 月 7 日	……	182.50 点	A	38 天
	1 月 17 日	……	177.50 点	D	10 天
	1 月 24 日	……	182.50 点	A	7 天

2 月 25 日	……	170.50 点	D	32 天
3 月 30 日	……	179.15 点	A	33 天
4 月 22 日	……	172.50 点	D	23 天
5 月 5 日	……	177.25 点	A	13 天
6 月 14 日	……	160.69 点	D	40 天

第七章

道琼斯30种工业股平均指数的3日运行图

我将道琼斯30种工业股平均指数作为趋势指标，一方面是因为道氏理论（Dow Theory）极为完善，另一方面是因为平均指数的确可以反映大多数个股的趋势。

某些个股的上涨或是下跌的时间周期比平均指数或长或短。某些股票可以比平均指数早几个月触及底部，有些则较晚，但当市场到达最后的最高点或最低点时，在确定买卖的阻力位方面，平均指数确实是一个有效的参考。铁路股平均指数正在慢慢地下跌且不再与工业股平均指数协调一致。公用事业股平均指数正处在强势，它与工业股平均指数的协调性比铁路股平均指数要好些。我的建议是研究道琼斯30种工业股平均指数，追踪这些成分股的趋势，然后盯住有同样趋势的个股进行交易。

在过去的几年中，铁路股平均指数与工业股平均指数的涨跌幅度未能保持一致，是因为在大多数清况下工业股比铁路股的走势都更强劲且涨速更快。因此，根据道氏理论研判铁路股平均指数是否与工业股平均指数步调一致是不明智的。你应该观察那些处于强势或弱势中的个股，择机交易，将工业股平均指数作为一个趋势指标，并运用我给你的所有规则。

道琼斯工业股平均指数并不是一种真正的平均。1897 年至 1914 年期间是根据 12 种股票计算出来的；1914 年 12 月，变成了 20 种股票，随后是 30 种股票。尽管平均指数很有效且确实给出了趋势明确的信号，但它们并不表示股票当下的实际价值，因为平均指数在计算时已经考虑了分红和拆股。真正的平均指数代表的是在任何时候购买 100 股这 30 种股票的成本而不考虑分红和拆股。例如，1949 年 6 月 14 日，道琼斯平均指数按现在的计算方法是 160.69 点。但如果将那天 30 种工业股平均指数的最低价除以 30，我们得到的是 52.27 点，这才是真正的平均指数，也正是那时买进这些股票的真实成本。

1949 年 6 月 14 日，杜邦公司（DuPont）拆股后价格发生了变化。6 月 28 日，在杜邦公司完成拆股后计算平均指数的最低点，得出了 48.59 点，而当时按通常的方法计算出的最低点是 164.65 点。

如果按道琼斯的公式，6 月 28 日平均指数是 164.65 点，那时，在 30 种工业股中仅有一支股票的价格高于这个水平，它是卖 167 美元/股的联合化学公司（Allied Chemical），美国电话公司（American Telephone）是 139 美元，接下来是美园罐头公司（American Can）89.25 美元和国家钢铁公司（National Steel）75 美元。其他股票都远低于该价位，有些甚至仅卖 17 美元/股或 18 美元/股，更多的则在 20 美元徘徊。当然，计算平均指数的方法可能使得走势图失真，并使平均指数看上去比实际价格要高得多，但你仍可以使用道琼斯 30 种工业股平均指数判断趋势，就像它是按真实的价格计算的那样。

3 日或 3 日以上的市场运动

前文探讨的这些平均指数的点数将用在 3 日图中，它们记录了 3 日或 3 日以上的市场运动。如果平均指数达到最高点或最低点，我们非常希望在市场非常活跃的时候抓住转势的机会，那么此时我们有时也会使用 1 日或 2 日的市场运动。所有这些市场运动都基于自然日。使用的规则是，当指数跌破 3 日底时，就意味着会跌得更低；而当指数突破 3 日的头部或高位时，就意味着会继续上扬。当然你还要运用其他的规则，而且还必须考虑市场开始上扬时的最后一个最低点或起涨点以及市场开始下跌时的最后一个最高点，这些主要的市场转折点很重要。一个上升的市场会在主升浪中将底部逐渐抬高；而一个下跌的市场会在主升浪中将头部逐渐下移，虽然有时市场会在一个狭窄的区间内整理，既下跌破前一轮行情的最低点，也不突破以前的头部。在平均指数或个股没有突破整理区间前，你不能认为趋势已经发生改变。

时间周期是最重要的。市场头部突破或底部跌穿的时间越长，今后的行情就会涨得越高或跌得越深。

市场已经从最低位上涨了多久或从最高位下跌了多久，是你始终要关注的问题。在行情末期，指数可以创出新高，或略微下跌至较低的位置，然后停滞，因为时间周期已经走完。

例如，1938 年 3 月 31 日，道琼斯 30 种工业股平均指数曾下跌至 97.5 点。而过去在同样点位的底部出现在 1935 年 3 月 18 日，那时的平均指数是 96 点。

1942 年 4 月 28 日，道琼斯平均指数下跌至 92.62 点。这比 1938 年的最低点低不足 5 个点，也比 1935 年的最低点低不到 4 点。我总结的规则指出，指数可以比过去的底部低 5 点，或比以前的头部高 5 点，并不改变主要的趋势。

1942 年 4 月，股市从 1937 年 3 月 10 日的极限最高点一直下跌了 5 年多，经历一个很长的时间周期。所以，当平均指数跌破这些过去的底部，而又没有跌过 5 个点时，你就可以买进股票，因为历史数据显示此时趋势将要反转。请注意 3 日图的市场变化，1942 年 4 月 21 日，最后一个最高点是 98.02 点，4 月 28 日的最低点是 92.69 点，这是个延续 7 天跌幅不到 6 点的下跌行情。

1942 年 5 月 11 日，平均指数涨到了 99.49 点，3 日图上，这比 4 月 21 日出现的最后一个头部高，因此预示平均指数会有更高的涨幅。从 5 月 11 日开始，3 天的下跌行情出现，平均指数跌到了 96.39 点，下跌 3.30 点，随后直到 1946 年 5 月 29 日，平均指数再也没有低于这个价位。研究 3 日图，以及高低点依次上移的走势，你可以发现走势图是如何指明时间周期和回调幅度的。

30 种工业股平均指数的 3 日图运动

本书所采纳的数据是 1912 年至 1949 年 7 月 19 日的平均指数的 3 日运动。

构造 3 日图

当市场从一个低点开始连续 3 天上涨，形成了更高的顶部和更高的底部时，你就要把图表的绘制点上移到第 3 天的顶部。如果接下来市场回调 2 天，则无需在走势图上记录。但当市场运动到第一个顶部上方时，你就应将趋势线延长至这一天的头部，直至出现连续 3 天下跌之后的底部。然后，要将趋势线延至第 3 天的最低点，且只要指数一直在跌，你就应一直画下去。

出现 2 日波动的话，你可以忽略。但是当平均指数接近极限最高点或极限最低点时，你也可以记录 2 日运动，尤其是在市场盘整剧烈之时。如果市场已经在涨势上维持一段时间了，而且出现了双顶或三重顶，且在 3 日图上跌破了上一个最低点，此时可以认为小趋势已经反转下行了。如果市场在下跌，且在 3 日图上跌破了前一个最高点，那么市场趋势至少会暂时发生反转。你会发现，3 日图的信号和其他所有的规则结合起来应用将很有帮助。

3 日市场动态举例

1940 年 11 月 8 日，平均指数达到最高点 138.50 点，此后趋势在 3 日图上反转向下，高低点依次下移。

1941 年 4 月 23 日，5 月 1 日、16 日和 26 日，市场形成最低点，平均指数在 5 月 26 日走出第二个上移的底部，这是买进的时机，你可将止损单放在 5 月 1 日的最低点之下，当指数突破 5 月 21 日的高点时，趋势显出向上的迹象。

1941 年 7 月 22 日，最高点 131.5 点，随后平均指数跌破了 3 日图上的底，并在 1941 年 8 月 15 日创下最低点 124.5 点。市场随后反弹至 1941 年 9 月 18 日，到达最高点 130.25 点，这比 7 月 22 日的头部低，因此是一个卖点。此后趋势继续向下，跌破了 8 月 15 日的最低点，这意味着大盘形成下跌趋势，市场将继续下跌，平均指数仅在 1942 年 1 月 6 日突破过一个 3 日图的头部。这仅比 1941 年 12 月 16 日的最高点高 2 点，1942 年 1 月 6 日左右是可能出现转势的日子之一，市场继续下跌至 1942 年 4 月 28 日的极限最低点 92.69 点，即从 1941 年 7 月 22 日开始下跌了 38.31 点，3 日图可以让你在这段时期选择一直做空。

从 1942 年 4 月 28 日的最低点起，平均指数的高低点开始依次上移。相对于 1935 年和 1938 年的底部，这无论如何都是个买入的时机。

1942 年 6 月，平均指数突破了 1942 年 4 月 7 日的最高点 102.5 点。

这绝对是向上态势。上涨行情形成了更高的顶部和更高的底部，达到 1943 年 7 月 15 日的最高点 146.5 点。按照我总结的规则，这是个卖点。3 日图调头向下，平均指数一直跌至 1943 年 11 月 30 日，创下最低点 128.94 点。注意，3 月 10 日和 22 日的最低点都在 128.5 点附近，这使 129 点相对于 3 日图上过去的底部成为了一个买点。11 月 30 日后，趋势调头上升，而且每个底部渐次抬升，直至 1946 年 2 月 4 日的最高点 207.5 点，这是个卖点。随后出现的陡直而快速的下跌行情一直持续到了 1946 年 2 月 26 日，达到最低点 184.04 点，请注意前一个最低位出现在 1945 年 10 月 30 日和 11 月 14 日的 183 点附近，这使 184 点相对于过去的底部成了一个买点。从 1946 年 2 月底开始，大势再次向上升，直至 1946 年 5 月 29 日最后的最高点 213.25 点。按照我总结的规则，这是一个卖点。

1946 年 6 月 12 日，最低点 207.5 点，平均指数正好站在 1946 年 2 月 4 日的头部之上，这将是下一轮反弹的起始点。6 月 17 日，最高点 208.5 点，与 2 月 4 日的点位一样，是一个卖点。下跌行情开始了，平均指数跌破了 6 月 12 日的最低点，这表明大势向下，到 1946 年 10 月 30 日最后的最低点 160.69 点，平均指数未能突破任何 3 日图的顶部，相对于 1945 年 7 月 27 日的最低点，根据时间周期和百分比规则，这个低点是一个买点。

从 1946 年 10 月 30 日的低点开始，3 日图上平均指数未能跌破任何一个最低点 3 点以上，直至 1947 年 2 月 10 日，平均指数涨至最高点

184.5 点，此位置接近 1946 年 2 月 26 日的底部，是一个卖点。大盘再次调头向下，而且每次反弹的最高点逐步降低，直至 1947 年 5 月 19 日的最低点 161.5 点，这个位置相对于 1946 年 10 月 30 日的底部是一个买点。一轮快速上涨接踵而至，1947 年 7 月 14 日，最高点 187.5 点；7 月 18 日，最低点 182 点；7 月 25 日，最高点 187.5 点，平均指数形成了双顶，是个卖点。后来，平均指数跌破了 7 月 18 日的最低点并继续下跌至 9 月 9 日和 9 月 26 日的最低点 174.5 点，这与 6 月 25 日的最低点相同，平均指数形成了双底，是个买点。

1947 年 10 月 20 日，最高点 186.5 点，比 1947 年 7 月 14 日和 25 日的顶部低，因此是一个卖点。趋势掉头，在 3 日图上，平均指数的高低点逐渐下移，直至 1948 年 2 月 11 日，此时市场到达了 164.07 点。平均指数在 2 月 20 日和 3 月 17 日又筑底，这使指数形成了一个双底，是个买点。当平均指数突破了 3 月 3 日的顶部时，趋势向上，这就形成了一个安全的买点。市场快速上涨，直到 1948 年 6 月 14 日的最高点 194.49 点时，平均指数也未跌破过 3 日图上的任何底部，这个最高点是 386 点的 50%，并处于以往的底部和头部区域，因此这里是卖出多头仓位并建立空头仓位的位置，随后趋势掉头向下。

1948 年 8 月 11 日、8 月 21 日和 9 月 27 日，平均指数的最低点是 176.5 点至 175.5 点之间。这是双底和三重底，也是买点。快速反弹随之而来，直至 10 月 26 日的最高点 190.5 点。此后出现的回调持续到 10 月

29 日，后续反弹至 11 月 1 日，平均指数跌破 10 月 29 日的最低点，说明趋势向下，总统大选过后，出现了一轮快速的下挫行情。

1948 年 11 月 30 日，最低点 170.5 点，相对过去的底部，这是一个支撑位和买点。随后出现了一轮反弹。

1949 年 1 月 7 日，最高点 182.5 点，在经过回调整理后，又有一次反弹，直到 1 月 24 日，平均指数形成了双头和卖点，根据我总结的规则，如果平均指数不能突破 1 月 7 日和 24 日的顶部，就意味着其还将走低。

1949 年 2 月 25 日，最低点 170.5 点，平均指数相对 1948 年 11 月 30 日的最低点形成一个双底，是个买点。3 月 30 日，最高点 179.15 点。在 9 点摆动图上，平均指数未能反弹 9 点，说明市场处于弱势。3 月 30 日以后，趋势反转，在 3 日图上，平均指数的高低点逐渐下移，直至 6 月 14 日的最低点 160.62 点。相对于 1946 年 10 月 30 日的最低点和 1947 年 5 月 19 日的最低点，平均指数形成了三重底，这是个可以用止损单控制风险的买点。随后出现的反弹持续到了 1949 年 7 月 19 日，平均指数涨到了 174 点，而且在 3 日图上没有任何回调，事实上仅出现过 1 日回调，这说明市场处于强势，但平均指数迟早会出现回调 3 日甚至更久的情况。此后，当平均指数突破第一次回调的头部时，就是趋势反转向上的确定信号，平均指数将继续走高。

平均指数的 9 点以及 9 点以上的转向图

绘制这种走势图时，如果市场在上扬，趋势线也会不断上移，直到出现 9 点或 9 点以上的回调；市场下跌时，走势图上的趋势线也会下跌，直到出现 9 点或 9 点以上的反弹，这在 9 点图上是一种反转。当市场正在接近头部和底部时，或在出现重要的趋势改变信号的情况下，我们可以记录少于 9 点的市场运动。研究这种走势图你会发现，市场的运动幅度常常是 9～10 点。下一个需要留心的振幅是 18～20 点的运动，随后是 30 点左右的市场波动，再接下来是 45 点左右的市场波动，然后是 50～52 点的市场波动。研究这些记录可以让你判断市场主要长期波动的趋势走向，这对长期投资大有裨益。在目前的所得税规定下，你必须学会长期投资，因为你必须至少持仓 6 个月。

所有 9 点和 9 点以上的运动

1912 年 10 月 8 日到 1949 年 6 月 14 日，在这 37 年中总共有 464 次 9 点或 9 点以上的市场运动，大约平均每个月有一次 9 点运动。另有 54 次小于 9 点的市场运动。

9 点至 21 点的市场运动共有 271 次，大约占总数的二分之一。

21 点至 31 点的市场运动共有 61 次，大约占四分之一。

31 点至 51 点的市场运动有 36 次，约占八分之一。

大于 51 点的市场运动仅有 6 次，而且均出现在 1929 年，当时的市场是历史上最疯狂的。

上面的数字证明，大部分重要的市场趋势振动介于 9～21 点，这些幅度对于趋势来说很重要。

　　小于 9 点的市场运动处于次要地位，如果从一个低位的反弹未能超过 9 点，那么说明市场处于弱势，指数还将走低。同样的规则也适用于上升行情。如果平均指数的回调小于 9 点，则说明市场处于强势，指数还将走高。

　　在正常情况下，如果大势反转向上，而且平均指数上涨了 10 点或更多，那么平均指数就应该能从低位上涨 20 点或更多。

　　熊市开始以后，如果平均指数的跌幅越过 10 点，那么它就会下跌 20 点或 20 点以上。如果平均指数的上涨或下跌幅度超过了 21 点，那么下一个值得注意的幅度是从极限最高点和极限最低点开始的 30～31 点，因为在市场朝相反方向运行 10 点或 10 点以上前，仅有少数行情的运动幅度会超过 31 点。

30 点运动的例子

　　1938 年 3 月 15 日，最高点 127.5 点，3 月 31 日，最高点 97.50 点——平均指数下跌 30 点。

　　1938 年 9 月 28 日，最低点 127.5 点，11 月 10 日，年内高点 158.75 点——平均指数上涨 31.25 点。

　　1939 年 9 月 1 日，最低点 127.5 点。这一天，德国发动了第二次世界大战。

　　1939 年 9 月 13 日，年内极限最高点 157.5 点，平均指数上涨了 30 点。

　　1946 年 2 月 4 日，最高点 207.5 点，2 月 24 日，最低点 184.04 点——平均指数下跌几近 24 点。

　　1948 年 2 月 11 日，最低点 164.04 点，6 月 14 日，年内高点 194.49 点——平均指数上涨 30.4 点。

　　1949 年 6 月 14 日，最低点 160.62 点——平均指数从 1948 年的最高点下跌了 33.87 点。

　　从这些数字你可以看到，大约 30 点左右的振幅常常会指示出特定市场区间的极限最高点或极限最低点，这尤其常见于正常的市场状态下。在不正常的市场中，如 1928 年、1929 年和 1930 年的股市，平均指数振荡大于 30 个点，因为那时股价奇高，而且波动的范围非常大。这些是不正常的时候，你不可能指望当前条件下的市场出现像这些不正常的时候一样的振荡。

第八章

一年中的重要月份

　　股票的走势会受季节性变化的影响，而且股价会在牛市尾声的某个月份，或在一轮大行情或小行情尾声的某个月份创出新高，所以回顾过往重要行情结束时出现过高点的月份十分重要。

出现过高点的月份

1881 年 1 月和 6 月 　　　　1906 年 1 月

1886 年 12 月 　　　　　　1909 年 10 月

1887 年 4 月 　　　　　　1911 年 2 月和 6 月

1890 年 5 月 　　　　　　1912 年 10 月

1892 年 3 月 　　　　　　1914 年 3 月

1895 年 9 月 　　　　　　1915 年 12 月

1897 年 9 月 　　　　　　1916 年 11 月

1899 年 4 月和 9 月 　　　1918 年 10 月

1901 年 4 月和 6 月 　　　1919 年 11 月

1923 年 3 月	1938 年 11 月
1929 年 9 月	1939 年 9 月
1930 年 4 月	1940 年 11 月
1931 年 7 月	1941 年 7 月和 9 月
1932 年 9 月	1943 年 7 月
1933 年 7 月	1946 年 5 月
1934 年 2 月	1942 年 2 月、7 月和 10 月
1937 年 3 月	1948 年 6 月
1938 年 1 月	1949 年 1 月

由上面的时间可知，在 1881 年至 1949 年的市场中，共有 35 轮行情，下面我们给出了 12 个月份以及在每个月中出现顶部或高点的次数。

1 月——4 个高点

2 月——4 个高点

3 月——4 个高点

4 月——4 个高点

5 月——2 个高点

6 月——4 个高点

7 月——4 个高点

8 月—— 没有高点

9 月——8 个高点

10 月——4 个高点

11 月——4 个高点

12 月——2 个高点

从上面的数字你可以发现，在 35 轮行情中，平均指数在 9 月份到过 8 次顶。因此，当一轮牛市已经持续一段时间时，9 月份是观察是否到达顶部的重要月份。而在 1 月份、2 月份、3 月份、4 月份、6 月份、7 月份、10 月份和 11 月份，市场各出现过 4 次顶部；5 月份和 12 月份分别出现过 2 次顶部；没有一次牛市在 8 月份见顶。这些数字信号会告诉你，一轮大牛市或小牛市的尾声会出现在哪些月份。

出现过低点的月份

熊市或下跌行情的终点在某些月份比其他月份出现的几率高。因此，对于你来说，知道出现这些低点的时间非常重要，具体如下。

1884 年 6 月	1923 年 10 月
1888 年 4 月	1929 年 11 月
1890 年 12 月	1930 年 12 月
1893 年 3 月	1932 年 7 月
1896 年 8 月	1933 年 2 月
1898 年 3 月	1933 年 10 月
1900 年 9 月	1934 年 7 月

1901 年 1 月	1937 年 11 月
1903 年 11 月	1938 年 3 月
1907 年 11 月	1939 年 4 月
1910 年 7 月	1940 年 5 月和 6 月
1911 年 7 月	1941 年 5 月
1913 年 6 月	1942 年 4 月
1914 年 12 月	1943 年 11 月
1916 年 4 月	1946 年 10 月
1917 年 12 月	1947 年 5 月
1919 年 2 月	1948 年 7 月和 3 月、11 月
1921 年 8 月	1949 年 6 月

从上面的数字可知，在 36 轮下跌行情或熊市中，市场在每个月份中结束或到达最后的底部的累积次数分别如下。

1 月——1 个低点

2 月——3 个低点

3 月——2 个低点

4 月——4 个低点

5 月——3 个低点

6 月——4 个低点

7 月——5 个低点

8 月——2 个低点

9 月——1 个低点

10 月——3 个低点

11 月——6 个低点

12 月——4 个低点

你可以注意到，有 6 次熊市在 11 月份结束，另有 5 次在 7 月份结束。所以当股市持续下跌后，你可以预计在 7 月份或 11 月份见底，出现低位次数最多的其他月份是 4 月份、6 月份和 12 月份。这些是你需要留心下一个跌势终点的月份。

在 36 轮市场运动中，1 月份和 9 月份分别出现过 1 次低点。所以这些月份对熊市的终结并不重要。3 月份有过 2 次最低点，如果市场已经下跌了一段时间，那么你可以预计最低点在 4 月份出现的可能性比在 3 月份大，就像结合工业股平均指数和公用事业股平均指数那样，你可以结合个股研究过去的时间周期。

每年出现最高点和最低点的月份

记录每年出现最高点和最低点的时间很重要。在表 8-1 中我们给出了出现过最高点和最低点的月份，在 1897 年后，我们给出了记录最高点和最低点的确切日期。

表 8-1　每年的最高点月份和最低点月份（1881 年—1949 年）

年份	最高点	最低点
1881 年	1 月和 5 月	2 月、9 月和 12 月
1882 年	9 月	1 月和 11 月
1883 年	4 月	2 月和 11 月
1884 年	2 月	6 月和 12 月
1885 年	11 月	1 月
1886 年	1 月和 12 月	5 月
1887 年	5 月	10 月
1888 年	10 月	4 月
1889 年	9 月	3 月
1890 年	5 月	12 月
1891 年	1 月和 9 月	7 月
1892 年	3 月	12 月
1893 年	1 月	7 月 26 日（最低点）
1894 年	4 月和 8 月	11 月
1895 年	9 月	12 月
1896 年	4 月 17 日	8 月 8 日
1897 年	9 月 10 日	4 月 19 日
1898 年	8 月 26 日和 12 月 17 日	3 月 25 日
1899 年	4 月 4 日和 9 月 2 日	12 月 18 日、6 月 25 日和 9 月 24 日
1900 年	12 月 27 日	12 月 24 日
1901 年	6 月 3 日	

（续表）

年份	最高点	最低点
1902 年	4 月 18 日和 9 月 19 日	12 月 15 日
1903 年	2 月 16 日	11 月 9 日
1904 年	12 月 5 日	2 月 9 日
1905 年	12 月 29 日	1 月 25 日
1906 年	1 月 19 日	7 月 13 日
1907 年	1 月 7 日	11 月 15 日
1908 年	11 月 13 日	2 月 13 日
1909 年	10 月 2 日	2 月 23 日
1910 年	1 月 22 日	7 月 26 日
1911 年	2 月 4 日和 6 月 14 日	9 月 25 日
1912 年	9 月 30 日	1 月 2 日
1913 年	1 月 9 日	6 月 21 日
1914 年	3 月 20 日	12 月 24 日
1915 年	12 月 27 日	1 月 24 日
1916 年	11 月 25 日	4 月 22 日
1917 年	1 月 2 日	12 月 19 日
1918 年	10 月 18 日	1 月 15 日
1919 年	11 月 3 日	2 月 8 日
1920 年	1 月 3 日	12 月 21 日
1921 年	5 月 5 日	8 月 24 日
1922 年	1 月 5 日	10 月 14 日
1923 年	3 月 20 日	10 月 27 日
1924 年	11 月 18 日	5 月 14 日

（续表）

年份	最高点	最低点
1925 年	11 月 6 日	3 月 6 日
1926 年	8 月 14 日	3 月 30 日
1927 年	12 月 20 日	1 月 25 日
1928 年	12 月 31 日	2 月 20 日
1929 年	9 月 3 日	11 月 13 日
1930 年	4 月 16 日	12 月 17 日
1931 年	2 月 24 日	10 月 5 日
1932 年	3 月 9 日	7 月 8 日
1933 年	7 月 18 日	2 月 27 日和 10 月 21 日
1934 年	2 月 5 日	7 月 26 日
1935 年	11 月 8 日	3 月 18 日
1936 年	12 月 15 日	4 月 30 日
1937 年	3 月 10 日	11 月 23 日
1938 年	11 月 10 日	3 月 31 日
1939 年	9 月 13 日	4 月 11 日
1940 年	1 月 3 日	6 月 10 日
1941 年	1 月 10 日	12 月 24 日
1942 年	12 月 28 日	4 月 28 日
1943 年	7 月 15 日	1 月 7 日
1944 年	12 月 16 日	2 月 7 日
1945 年	12 月 10 日	1 月 24 日
1946 年	5 月 29 日	10 月 30 日
1947 年	7 月 25 日	5 月 19 日

（续表）

年份	最高点	最低点
1948 年	6 月 14 日	2 月 11 日
1949 年	1 月 7 日	6 月 14 日

高点的发生频率

1 月，69 年中有 14 次最高点。

2 月，69 年中有 5 次最高点。

3 月，69 年中有 5 次最高点。

4 月，69 年中有 6 次最高点。

5 月，69 年中有 5 次最高点。

6 月，69 年中有 3 次最高点。

7 月，69 年中有 3 次最高点。

8 月，69 年中有 3 次最高点。

9 月，69 年中有 10 次最高点。

10 月，69 年中有 3 次最高点。

11 月，69 年中有 8 次最高点。

12 月，69 年中有 13 次最高点。

透过上述数据可见，1 月份出现过 14 次最高点，12 月份出现过 13 次。因而当市场已经持续上涨后，在 12 月份或 1 月份出现高点的可能性极大。在 9 月份，高点曾出现过 10 次，当股指持续上涨后，这是仅次于 12 月份和 1 月份需要留心的月份。下一个最高点出现频率较高的月份是 11 月，出现过 8 次；随后是 3 月份、4 月份和 5 月份，分别出现过 5 次、6 次和 5 次高点；6 月份、7 月份、8 月份和 10 月份仅分别出现过 3 次最高点，故此不应对平均指数在上述月份到达高点有太多期待。

低点的发生频率

1 月，69 年中有 9 次极限最低点。

2 月，69 年中有 10 次极限最低点。

3 月，69 年中有 6 次权限最低点。

4 月，69 年中有 6 次极限最低点。

5 月，69 年中有 3 次极限最低点。

6 月，69 年中有 5 次极限最低点。

7 月，69 年中有 6 次极限最低点。

8 月，69 年中有 2 次极限最低点。

9 月，69 年中有 2 次极限最低点。

10 月，69 年中有 7 次极限最低点。

11 月，69 年中有 6 次极限最低点。

12 月，69 年中有 13 次极限最低点。

数据显示，最低点出现次数最多的是 12 月份，其次是 2 月份，因此，

一年中的重要月份 | in Wall Street

对于留心最低点和趋势变化而言，12 月份和 2 月份是最重要的月份；其次是 1 月份和 10 月份，分别出现过 9 次和 7 次最低点；3 月份、4 月份和 11 月份都分别有过 6 次最低点；5 月份出现过 3 次最低点；8 月份和 9 月份分别出现过 2 次，这些月份出现低点的次数最少。

把高点和低点结合起来观察，我们发现在过去的 69 年中，9 月份、12 月份、1 月份和 2 月份出现高点和低点的次数最多，只要股指持续上涨或下跌一段时间，你就要留心这些趋势变化的最重要的月份。审视以往出现高点和低点的时段，可以助你研判下一次趋势变化会在何时出现，你还应当研究以往出现高点和低点的确切日期，你未来可以在相同的日期附近留心趋势变化。

道琼斯30种工业股平均指数的涨跌时间

1912 年 10 月 8 日到 1949 年 6 月 14 日的振幅记录大多数是短期内快速上涨或下跌，在这期间共有 292 次涨跌行情。

3 至 11 天：41 次涨跌行情处于这个时段，比例约占 14%。

11 至 21 天：65 次涨跌行情处于这个时段，比例约占 22%。

22 至 35 天：65 次涨跌行情处于这个时段，比例约占 22%。

在 11 至 35 天这个时段中，有 130 次涨跌行情，占总数的 1/3 以上，此点十分重要，要留心最高点或最低点出现的重要时段。

31 次涨跌行情持续了 36 到 45 天，比例约占 10.6%。

33 次涨跌行情持续了 43 到 60 天，比例约占 11%。

20 次涨跌行情持续了 61 到 95 天，比例约占 7%。

13 次涨跌行情持续了 96 到 112 天，比例约占 4.5%。

12 次涨跌行情的持续时间超过了 112 天，比例约占 4%。

有关时间周期的知识将有助于你运用其他规则并判断趋势的转变。

第九章

6 月低点与未来高点的比较

1949 年 6 月 14 日，道琼斯 30 种工业股平均指数跌至 160.62 点，但在本书编撰过程中，平均指数在 1949 年 7 月 19 日已经涨到了 175 点，假定 1949 年 6 月 14 日是最低点和一轮牛市的起点，比较以往在 6 月份出现的最低点以及市场随后的运动，我们可以窥见市场未来走势的方向。

1913 年 6 月 11 日，最低点 72.11 点，9 月 13 日，最高点 83.43 点，涨势持续了 3 个月。

1914 年 3 月 20 日，最高点 83.49 点，市场与 9 月 13 日的高点相呼应，形成双顶。这是一轮从 1913 年 6 月的低点开始的，绵延 9 个月的上升行情。大盘从 1914 年 3 月开始调头，到了 6 月份，平均指数跌到 81.84 点，比此前的双顶略低，从这个价位开始的下跌行情以 1914 年 12 月的恐慌性暴跌告终，这时平均指数已经跌到了 53.17 点。

1921 年 6 月 20 日，低点 66 点，熊市的第一个底。

1921 年 8 月 24 日，低点 64 点，熊市的最后一个最低点，一轮牛市就此开始。

1923 年 3 月 20 日，高点 105.25 点，21 个月内平均指数上涨了 41 点，这是延续到 1929 年的大牛市的第一段行情的尾巴。

1930 年 6 月 25 日，低点 208 点，这是熊市第一年的最低点，我们不认为一轮牛市将就此展开。

1930 年 9 月 10 日，高点 247 点，在 77 天内平均指数上涨了 39 点。这仅仅是熊市中的一次反弹。

1937 年 6 月 14 日，低点 163.75 点。

1937 年 8 月 14 日，高点 190.50 点，在 61 天内平均指数上涨了 36.75 点，只是熊市中的反弹，牛市在 1937 年 3 月早已结束。

1940 年 6 月 10 日，低点 110.50 点。

1940 年 11 月 8 日，高点 138.50 点，平均指数在 147 天内上涨了 28 点，这是熊市中的一次反弹。此后，直至 1949 年 6 月 14 日结束的一轮下跌行情，在 6 月份再也没有出现过重要的低点。

在分析上述 6 月份形成低点的周期时，你要认真考虑 1921 年 6 月的低点，因为那是一轮持续时间长达 20 个月的熊市的结尾。1949 年 6 月 14 日，加上 1921 年至 1923 年的时间跨度，我们可得 1951 年 3 月 14 日是下一轮牛市的起点。假定熊市从 1949 年 6 月 14 日出现反弹，那么时间周期可能在 8 月 14 日或 8 月 31 日以及 12 月 27 日结束，与前述周期相比，其他几个时间周期可能在 1950 年 4 月和 1950 年 6 月结束。

1945 年 7 月 27 日，这个低点与 1949 年 7 月 27 日相距 48 个月。

1949 年 8 月 27 日，与 1945 年 7 月 27 日相距 49 个月，与 1938 年至 1942 年低点的周期以及 1942 年 4 月至 1946 年 5 月高点的周期相同。

1949 年 7 月 27 日，趋势发生改变的重要时刻，如果趋势向上，或到期后不久即向上，平均指数当可上行。

1938 年 11 月 10 日，高点 158.75 点。1942 年 4 月 28 日，平均指数创下最后的低点。两者间隔 42 个月。1945 年，平均指数突破了 158.75 点，此前其曾在这个点位下方运行了 6 年零 3 个月。现在（1949 年 7 月），平均指数已经站在了 158.75 点之上达 50 个月。市场现在如果跌破 160 点将意味着大幅下跌的开始，因为它已经企稳很长时间。

考虑到平均指数曾在 1946 年 5 月 29 日到达高点，现在又在 53 点的范围内盘整了 37 个月，而且没有跌破 1946 年 10 月 30 日的历时 5 个月的那次下跌的最低点，因此，如果平均指数在这个低位上盘整很久后开始上涨并进入强势，那么就可能上涨很长时间，并创出新高。

周年纪念日

我写作本书是为了揭示关于时间周期的全新的、有价值的规律，以助你判断未来的高点和低点，如果你研究并运用这些规律，那么必定会受益匪浅。

在我的研究中，股票会在到达过的高价和低价的月份发生重要的趋势转变，我称这些日子为"周年纪念日"（Anniversary Date），每一年你都应当留心市场可能在这些重要的日子发生趋势的转变。

1929 年 9 月 3 日，平均指数创下历史上的高点。

1932 年 7 月 8 日，平均指数到达了自 1897 年来的最低位。

这两个日子对于研究每年的趋势来说非常重要。下面的记录可以证实这些日期的价值。

1930 年 9 月 30 日，大跌前的最后一个高点。

1931 年 8 月 29 日，大跌行情启动，仅与周年纪念日 9 月 3 日差 5 天。

1932 年 7 月 8 日，最低点。

1932 年 9 月 8 日，牛市中反弹的高点。

1933 年 7 月 18 日，平均指数到达当年的高点。9 月 18 日，平均指数达到次级反弹的高点，随后陷入新的跌势。

1934 年 7 月 26 日，平均指数到达当年的低点，9 月 17 日，平均指数达到上扬前的最后一个低点。

1935 年 7 月 21 日，上涨行情创出新高，平均指数在回调至 8 月 2 日后再度上扬。

1935 年 9 月 11 日，当年高点。平均指数在下跌至 10 月 3 日后转而突破了 9 月 11 日的高点，继续攀升。

1936 年 7 月 28 日，当年高点，市场在调整后继续上攻。

1936 年 9 月 8 日，平均指数在创下高点后回调至 9 月 17 日，随后继续上涨。

1937 年 7 月，没有重要的顶部和底部。

1937 年 9 月 15 日，大跌前的最后一个高点。

1938 年 7 月 25 日，大调整前的高点；9 月 28 日，一轮巨大涨势前的最后一个低点。

1939 年 7 月 25 日，在 9 月 1 日结束的调整前的高点。

1939 年 9 月 1 日，最低点；9 月 13 日，一轮 30 点上升行情的高点。

1940 年 7 月 3 日，一轮 20 点涨势前的低点；9 月 13 日，在 11 月 8 日结束的上升行情前的低点。

1941 年 7 月 22 日，熊市最后一轮反弹的高点；9 月 18 日，大跌前的最后一个高点。

1942 年 7 月 9 日、16 日，调整前的最后高点；9 月 11 日，涨势前的最后一个低点。

1943 年 7 月 15 日，一轮 13 点跌势前的高点；9 月 20 日，在 11 月 30 日结束的下跌行情前的高点。

1944 年 7 月 10 日，在 9 月 7 日结束的调整前的高点。

1944 年 9 月，大涨前的最后一个低点。

1945 年 7 月 27 日，最低点 159.95 点。到编撰本书时的 1949 年 7 月 2 日，平均指数还没有跌破该低点。

1945 年 9 月 17 日，平均指数大涨前的低点。

1946 年 7 月 1 日，平均指数大跌前的最后一个高点。

1946 年 9 月 6 日，小反弹的顶部，大盘随后一直跌到 10 月 30 日。

1947 年 7 月 25 日，市场下跌前的最高点；9 月 9 日和 9 月 26 日，一轮到 10 月 20 日结束的上升行情前的最后两个低点。

1948 年 7 月 12 日，到 9 月 27 日结束的下跌行情前的最后一个高点。

1948 年 9 月 27 日，最后一个低点，市场随后反弹至 10 月 26 日。

1949 年，关注 7 月 8 日、15 日、25 日和 28 日可能出现重要的趋势调整。

9 月 2 日至 10 日，15 日和 20 日至 27 日，是可能出现趋势调整的重要日子。

每年都要关注这些周年纪念日，而且还要关注其他创下高点和低点的日子。如 1937 年 3 月 8 日、1938 年 3 月 31 日、1942 年 4 月 28 日、1946 年 3 月 29 日，等等。你如果花时间研究和比较周期，同时又遵循其他规则，今后你就会发现时间周期对于判断走势的调整确实意义重大。

重磅消息

重磅消息发布，如战争爆发、战争结束、总统就职典礼、总统选举，都会对市场产生影响。重要的是，你要考虑在消息发布时大盘指数和个股正在什么样的走势中运行，趋势向上还是向下，以及如此重大的消息发布后的市场反应。

1914 年 7 月 30 日，第一次世界大战爆发，当时的平均指数为 71.42 点。12 月 24 日，平均指数跌至最低点 53.17 点。

1915 年 4 月 30 日，高点 71.78 点，平均指数回到战争爆发时的点位，此后平均指数回调至 5 月 14 日的低点 60.38 点。6 月 22 日，平均指数又回到了 71.9 点，随后回调到了 7 月 9 日的低点 67.88 点，此后平均指数反转向上，突破了战争爆发时的高点并屡创新高。

1918 年 11 月 11 日第一次世界大战结束时，平均指数在 11 月 9 日的高点 88.07 点见顶，并在 1919 年 3 月首次突破此点位，直到 1919 年 11 月 3 日创下 119.62 点新高。

下一个重要的战争日是 1939 年 9 月 1 日，低点 127.51 点；9 月 13 日，高点 157.77 点。我们给出的阻力位在 127 点至 130 点。

1939 年 8 月 24 日，128.60 点；9 月 1 日，127.51 点。

1940 年 8 月 12 日，高点 127.55 点；9 月 13 日，低点 127.32 点；12 月 23 日，低点 127.83 点。

1941 年 7 月 27 日，低点 126.75 点；9 月 30 日，高点 127.31 点。

1943 年 2 月 2 日，低点 126.38 点；3 月 22 日，低点 128.67 点；4 月 13 日，低点 129.79 点；4 月 30 日，低点 128.94 点，市场随后飙涨。

为什么平均指数在几乎相同的位置多次出现高点和低点？因为在这些点位附近存在某种百分比点。

1896 年，低点 28.50 点，加上 350%，得到 128.25 点。

1921 年，低点 64 点，加上 100%，得到 128 点。

1929 年，高点 386.10 点，它的三分之一是 128.70 点。

1929 年的高点 386.10 点至 1932 年的最低点 40.56 点，这个区间的四分之一加上 40.56 点，是 126.70 点。

1932 年的低点 40.56 点至 1946 年的最高点 213.36 点，这个区间的二分之一加上 40.56 点，是 126.96 点。

1937 年，高点 195.59 点，它的三分之二是 130.32 点。

1937 年的高点 195.59 点至 1938 年的最低点 97.46 点，这个区间的三分之一加上 97.46 点，是 130.17 点。

1942 年的低点 92.69 点至 1937 年的最高点 195.59 点，这个区间的八分之三加上 92.69 点，是 130.40 点。

这些位置附近共有 8 个阻力位，市场在不同的时期在此附近曾形成过 11 次顶部和底部。这些实例告诉你，从重要的高点或低点计算百分比点和阻力位十分重要。

193 点至 196 点的阻力位

1929 年 11 月 13 日，最低点 195.35 点。

1931 年 2 月 24 日，最高点 196.96 点。

1937 年 3 月 10 日，最高点 195.59 点。

1948 年 6 月 14 日，最高点 194.49 点。

有 4 个重要的顶部和头部出现在这个位置，原因如下。

1929 年，高点 386.10 点，它的二分之一是 193.05 点，这是一个非常重要的阻力位。

1921 年，低点 64 点，加上 200% 就得到了 192 点。

1930 年 4 月 16 日的高点 297.25 点至 1942 年的低点 92.69 点的中位点是 194.97 点。

1932 年的低点 40.56 点加上 375%，就得到了 192.66 点。

1945 年 7 月 27 日的低点 159.95 点至 1946 年 5 月 29 日的 213.36 点之差的三分之二加上 159.95 点，是 195.56 点。

1939 年 9 月 1 日的低点 127.51 点加上 50%，就得到了 191.26 点。

1939 年的低点 127.51 点至 1942 年的低点 92.69 点之差的 200% 加上 127.51 点，就得到了 197.15 点。

1945 年 3 月 26 日，低点 151.74 点。这是平均指数在那次创新高的行情前的最后一个最低点。截至 1949 年 7 月，最后的最高点 213.36 点的三分之二是 192.74 点。

这里总共有 8 个重要的阻力位，说明了为什么指数会在这些位置附近做出 3 次重要的顶部和 1 次重要的底部。如果这场牛市持续到 1949 年或 1950 年，并突破 196 点，那么这就是平均指数看高一线的信号，也会是下一个重要阻力位。

1941 年 12 月 7 日，对日作战

1941 年 12 月 7 日，日本偷袭珍珠港，那是个星期天。12 月 6 日，道琼斯平均指数的盘中低点是 115.74 点，并收在了 116.60 点；12 月 8 日，平均指数的最高点是 115.46 点。随后平均指数便一路下跌直至 1942 年 4 月 28 日的极限最低点 92.69 点，可见，12 月 8 日的最高点是一个重要的点位，如果平均指数突破此点位就会大涨。

1943 年 10 月 13 日，高点 115.80 点，平均指数处在 1941 年 12 月 6 日的低点和 12 月 8 日的高点。1943 年 10 月 28 日，低点 112.57 点，平均指数仅在 15 天内回调 3 点，说明市场的强劲涨势。

1943 年 11 月 9 日，高点 118.18 点。平均指数已经突破了 1941 年 12 月 8 日的高点，而且还会走高。市场随后跌到了 12 月 24 日的最低点 113.46 点，平均指数在 45 天内下跌了不到 5 点，比战争爆发时的最低点低不足 3 点，说明市场的支撑良好，平均指数会走高，上升行情继续，平均指数在 1945 年 2 月突破了 1939 年 9 月 1 日德国发动战争的时候的点位，涨到 127.51 点。

1945 年 5 月 6 日，德国投降，平均指数继续上扬。6 月 26 日，平均指数到达高点 169.15 点，比 1938 年的最高点高出 10 点且突破了 158 点至 163 点间的所有阻力位，绝对是平均指数大涨的信号。

1945 年 7 月 27 日，低点 159.95 点。平均指数在 31 天内下跌了不足

10 点，并收在了强阻力位，说明指数还会上扬。

1945 年 8 月 14 日，日本投降。平均指数在 8 月 9 日到达最后的低点 161. 14 点，这使 159. 95 点和 161. 14 点成为重要的支撑位，因为它们出现在战争结束时，而且收在了 1938 年的高点之上，这个点位已经支撑住了 3 轮下跌而没有触及 160 点。这些例子证明了从所有重要的顶部和底部计算出的阻力位和百分比点位的重要性，它使你可以预测下一个顶部或底部可能出现在什么位置。运用我总结的规则、3 日图和 9 点转向图来帮助你判断未来买卖点的时间和价位。所有的规则适用于平均指数和个股。

158 点至 163 点的阻力位

下面的记录证明了用高点和低点来表示的顶部和底部的重要性。

1937 年 6 月 14 日，低点 163. 73 点。

1938 年 11 月 10 日，高点 158. 90 点。

1939 年 9 月 13 日，高点 157. 77 点。

1945 年 3 月 6 日，高点 162. 22 点。

1945 年 7 月 27 日，低点 159. 95 点。

1946 年 10 月 30 日，低点 160. 49 点。

1947 年 5 月 19 日，低点 161. 38 点。

1949 年 6 月 14 日，低点 160. 62 点。

共有 3 个最高点和 5 个最低点处在这些点数附近。1946 年至 1949 年的最后 3 个重要的底部出现在这些位置附近，市场在此获得了支撑并反弹。下面我们会给出百分比点说明为什么在这些位置附近会出现支撑位、买点以及阻力位、卖点。数学证明为什么市场的顶部和底部会在这些位置附近出现多次。

1896 年的低点 28.50 点至 1929 年的高点 386.10 点之差的八分之三加上 28.50 点，是 162.60 点。

1921 年的低点 64 点加上 150% 是 160 点。

1932 年的低点 40.56 点至 1937 年的高点 195.59 点之差的四分之三加上 40.56 点，是 156.84 点。

1932 年的低点 40.56 点加上 300% 是 162.24 点。

1932 年 9 月 8 日的高点 81.39 点加上 100% 是 162.78 点。

1933 年 10 月 21 日，低点 82.20 点加上 100% 是 164.40 点。

1938 年 3 月 31 日的低点 97.64 点至 1937 年的高点 195.59 点的八分之五是 158.90 点，这正好是 1938 年 11 月 10 日的高点。

1939 年 9 月 1 日的低点 127.51 点至 1942 年 4 月 28 日的低点 92.69 点，该范围处在战争爆发和后来出现的极限最低点之间。平均指数的跌幅是 34.82 点。将这个指数加上 127.51 点，就得到了 162.33 点。

1945 年 3 月 26 日的低点 151.74 点至高点 213.36 点之差的八分之一加上 151.74 点，是 159.47 点。

1946 年，高点 213.36 点，其乘以 75% 应是 160.02 点。

　　这里显示了 10 个阻力位，并证明了为什么市场会 8 次在这些点位附近见顶或见底。1949 年 6 月 14 日指数第 3 次到达此点位。到编撰本书（1949 年 7 月 18 日）时，平均指数反弹至 174.40 点的事实说明其处于强势，但如果平均指数收在了 160 点以下，就是市场走低的信号，因为这将是平均指数第 4 次到达此点位，根据我总结的规则，平均指数必将下跌。

第十章

纽约股票交易所的成交量——回顾牛市和熊市

本章是《江恩股市趋势理论》的延续，将对成交量的研究延展到1949 年 6 月 30 日。

从 1932 年 7 月 8 日开始的牛市一直持续到 1937 年 3 月 10 日，在此期间平均指数上涨 155 点。

1936 年，成交量放大，1 月份和 2 月份的成交量最大。1938 年全年的成交量达到了 496 138 000 股。

1937 年前三个月的成交量很大，1 月份的成交量全年最高。市场自 3 月开始下跌后，月成交量逐步萎缩到了 8 月份的 17 213 000 股。在 10 月的大突破中，全月的成交量放大到了 51 000 000 股以上。1937 年全年的成交量是 409 465 000 股，比 1936 年少很多。

1938 年，平均指数在 3 月 31 日到达最后的最低点，这与 1937 年的顶部有一年多的间隔，这轮熊市的成交量总共是 311 876 000 股。

1938 年 4 月至 1938 年 10 月，平均指数在慢牛格局中涨了 61 点，成交量合计为 208 296 000 股；10 月份，成交量放大到了 41 555 000 股，这不但为全年中最大的月成交量，也是在 1937 年 3 月以来最大的月成交量，成为了顶部的信号，大家在市场上涨时超买，正像我在本书中所指明的那样，平均指数和阻力位不期而遇。

1938 年 11 月，平均指数从最高点开始一路跌至 1939 年 4 月 11 日，振幅达到 39 点，此区间的成交量是 111 357 000 股；1939 年 3 月成交量是 24 563 000 股；4 月份，成交量减少并在 6 月份萎缩到了年度最低点。

1939 年 5 月至 1939 年 9 月，平均指数涨幅为 37 点，成交量 117 423 000 股；9 月 1 日，第二次世界大战爆发，股市从 9 月 1 日至 13 日上涨了 30 点，9 月份的成交量是 57 089 000 股，是自 1937 年 1 月以来的最大月成交量，这说明大众在股市上涨时超买，同时内部人在超卖。平均指数并未突破 1938 年 11 月 10 日的最高点，这是顶部的信号，大成交量往往意味着顶部，也意味着卖点。

1939 年 9 月至 1942 年 4 月 28 日平均指数下跌了 64 点，总成交量为 465 996 000 股，1940 年和 1941 年成交量继续萎缩，从 1936 年的 496 138 000 股萎缩至 1941 年的 170 604 000 股，可见套现的压力殆尽；1942 年的 2 月份、3 月份和 4 月份，成交量大约是 800 万股或略微少些，说明抛压暂无，市场处在底部。

1942 年 5 月份至 8 月份的月平均成交量继续维持在 800 万股以下，可见买盘已经少有介入，年末成交量开始放大，但 1942 年全年的成交量依然是多年中最低的，为 125 652 000 股。

1943 年成交量放巨量达 278 000 000 股。

1944 年的成交量为 263 000 000 股。

1945 年市场继续涨势，总成交量达到了 375 000 000 股，是 1938 年以来最大的一年，巨额成交说明牛市接近尾声。

1946 年 1 月成交量 51 510 000 股，这是自 1937 年 3 月来最大的月成交量，顶部将至；2 月初的高点后平均指数仅涨了 5 点，到达了 1946 年 5 月 29 日牛市结束之前最后的高点。

一轮大牛市从 1942 年 2 月 28 日开始，至 1946 年 5 月 29 日结束，平均指数上涨 120 点。这个时期的总成交量是 1 179 000 000 股，牛市的最后一年成交量放大，说明这是行情的终点。

1946 年 6 月至 10 月 30 日，平均指数以 136 955 000 股的成交量，下跌了 53 点，这是短期暴跌，而 6 月份、7 月份和 8 月份的月成交量一直在 20 000 000 股左右。

9 月份，当市场向下快速突破时，月成交量超过了 43 000 000 股；市场在 10 月份到达底部时，月成交量是 30 000 000 股，此后成交量持续萎缩。

1946 年 10 月 30 日至 1947 年 2 月，平均指数总共上涨了 27 点，成交量稍稍超过了 100 000 000 股。

1947 年 3 月至 5 月 19 日，平均指数下跌了 27 点，成交量为 60 576 000 股。平均指数在 5 月份到达最低点时，月成交量萎缩到了

20 000 000股，说明市场的套现压力并不大。

1947年5月19日至7月25日，平均指数下跌了大约28点，总成交量为42 956 000股；7月份的成交量是25 473 000股，是当年最大月成交量，说明大家又在顶部买入，显然调整必将出现。

1947年7月25日至1948年2月11日，平均指数下跌了大约25点，成交量是139 799 000股，2月份的成交量低于17 000 000股，为几个月来最低的，市场此时变得气氛沉闷，窄幅振荡，交投不振，说明卖压并不大，反弹将出现，因为平均指数获得的支撑位比1947年5月的高。

1948年2月11日至1948年6月14日，平均指数出现了一波30点的上行行情，总成交量是131 296 000股，2月份的成交量略低于17 000 000股，而5月份的成交量是42 769 000股，是自1946年9月以来最大的月成交量。平均指数涨至以往卖压区间的成交量巨大，说明市场正在形成头部；6月，月成交量略少于311 000 000股，这说明投资者已经在5月份大举建仓，买家人数在市场上行的同时正在减少。

1948年6月14日至1949年6月14日，平均指数下跌了约34点，总成交量是246 305 000股；1949年2月，成交量再次跌至约17 000 000股；而在1949年6月，总成交量是17 767 000股，相比1948年5月份将近43 000 000股的月成交量，说明市场的套现盘已消耗殆尽，平均指数已经跌到了1946年10月以及1947年5月时的最低位，因此这是买点。请注意，1947年的总成交量是253 632 000股，而1948年的总成交量是

302 216 000股，其中大部分成交量出现在2月份至6月份的上涨行情中。

1949年前6个月的总成交量是112 403 000股，比1948年上半年的总成交量少了很多。

如果市场能在1949年的下半年上涨，那么成交量可能会放大，并在年底达到与1948年相同的水平。

记住，研究月成交量和周成交量并与其他所有的规则结合起来是十分重要的。1936年到1949年，纽约股票交易所的月成交量和年成交量如表10-1和表10-2所示。

表10-1　纽约股票交易所的月成交量和年成交量（一）

单位：千股

月份	1936 年	1937 年	1938 年	1939 年	1940 年	1941 年	1942 年
1 月	67 202	58 671	24 154	25 183	15 987	13 313	12 998
2 月	60 884	50 248	14 525	13 874	13 472	8970	7924
3 月	51 107	50 346	22 997	24 563	16 272	10 124	8554
4 月	39 610	34 607	17 119	20 245	26 693	11 187	7588
5 月	20 614	18 549	13 999	12 934	38 965	9669	7231
6 月	21 429	16 449	24 368	11 967	15 574	10 462	7466
7 月	34 793	20 772	38 771	18 068	7305	17 872	8375
8 月	26 564	17 213	20 733	17 374	7615	10 873	7387
9 月	30 873	33 853	23 825	57 089	11 940	13 546	9448
10 月	43 995	51 130	41 555	23 736	14 489	13 151	15 932

（续表）

月份	1936 年	1937 年	1938 年	1939 年	1940 年	1941 年	1942 年
11 月	50 467	29 255	27 926	19 223	20 887	15 047	13 436
12 月	48 600	28 422	27 492	17 773	18 397	36 390	19 313
合计	496 138	409 515	297 464	262 029	207 596	170 604	125 652

表 10-2　纽约股票交易所的月成交量和年成交量（二）

月份	1943 年	1944 年	1945 年	1946 年	1947 年	1948 年	1949 年
1 月	18 032	17 809	38 995	51 510	23 557	20 217	18 825
2 月	24 432	17 099	32 611	34 095	23 762	16 801	17 182
3 月	36 996	27 645	27 490	25 666	19 339	22 993	21 135
4 月	33 554	13 845	28 270	31 426	20 620	34 612	19 315
5 月	35 049	17 229	32 025	30 409	20 617	42 769	18 179
6 月	23 419	37 713	41 320	21 717	17 483	30 922	17 767
7 月	26 323	28 220	19 977	20 595	25 473	24 585	
8 月	14 252	20 753	21 670	20 808	14 153	15 040	
9 月	14 985	15 948	23 135	43 451	16 017	17 564	
10 月	13 924	17 534	35 474	30 384	28 635	20 434	
11 月	18 244	18 019	40 404	23 820	16 371	28 320	
12 月	19 528	31 261	34 150	29 832	27 605	27 959	
合计	278 738	263 075	375 521	363 713	253 632	302 216	183 6895

第十一章

15 种公用事业股平均指数

罗斯福执政期间的公用事业非常萧条，因为政府一直在使尽浑身解数压制它，但自罗斯福总统去世后，情况开始有所转变。现在公用事业获得了公平的待遇，未来一片坦途。回顾公用事业股平均指数从 1929 年至今的涨跌历程非常有趣。

1929 年 9 月，高点 144.5 点；11 月，低点 64.5 点。

1930 年 4 月，高点 108.5 点。

1932 年 7 月，低点 16.5 点；9 月，高点 36 点。

1933 年 3 月，低点 19.5 点，比 1932 年 7 月份的低点高 3 点，预示市场向好，事实亦然。

1933 年 7 月，高点 37.5 点，比 1932 年 9 月的高点高 1.5 点。

1935 年 3 月，低点 14.5 点，比 1932 年的低点和 1933 年的低点都要低，市场的套现压力殆尽，一轮涨势随后出现。

1937 午 2 月，高点 37.5 点，回到了 1933 年的最高点，形成阻力位。

1938 年 3 月，低点 15.5 点，比 1935 年的低点高 1 点。

1939 年 8 月，高点 27.5 点，比 1937 年 8 月份的低点低，说明大盘向下，公用事业股平均指数持续下跌。

1942 年 4 月，最后的低点 10.5 点，市场振荡若干个月后突破了 1942 年 6 月和 1942 年 10 月的高点，这意味着趋势向上。市场上扬到 1945 年，公用事业股平均指数突破了 1939 年的高点，并继而突破了 1933 年和 1937 年的高点。

1946 年 4 月，最后的高点 44.5 点，与 1932 年 2 月的高点相同，显然这里存在一个阻力位。

1946 年 10 月，低点 32.5 点；1947 年 1 月，高点 37.5 点。

1947 年 5 月，低点 32 点；7 月，高点 36.25 点。

1948 年 2 月，低点 31.5 点，比 1946 年 10 月的低点低 1 点，已回到了 1945 年 8 月的低点。

1948 年 6 月和 7 月，高点 36.5 点，公用事业股平均指数回到了 1947 年 7 月的高点。

1948 年 11 月和 12 月，低点 32.5 点，相对 1948 年 2 月的底部有所抬高。

1949 年 4 月和 5 月，高点 36.5 点，回到了过去的顶部区域。

1949 年 6 月 14 日，低点 33.75 点。这比 1948 年 12 月的底部要高得多，说明市场有强力支撑。只要公用事业股平均指数能在 33 点上企稳就可以继续上攻；如果突破 36.5 就说明处于强势；如果能收在 38 点以上也就是高于 1947 年的顶部，它就可能涨到 44.5 点，即 1946 年的高点。公用事业股平均指数的走势比铁路股平均指数强劲，甚至强于工业股平均指数。在下一波牛市中，公用事业股股票将带领大盘上扬。公用事业股平均指数只有在跌破 31.5 点时才会持续走低。

1949 年 8 月对于公用事业股平均指数趋势反转十分重要，如果那时它能向上突破并表现出上攻趋势，那么公用事业股平均指数可能会一直涨到 1950 年春天。

巴伦航空运输平均指数

该板块在未来几年将成为领涨板块，你有必要钻研其中的每一家公司并长期持有。分析航空运输板块的平均指数很重要，你能从中预测航空股的后续表现。

1937 年 1 月，高点 27.25 点；1938 年 3 月，低点 7.5 点。

1940 年 4 月，高点 34.5 点；1942 年 4 月，低点 13.5 点。

1943 年 7 月，高点 43.5 点；1943 年 12 月，低点 32.5 点。

1943 年 12 月，巴伦航空运输平均指数处在 1940 年 4 月的最高点之上，说明处于强势，一轮飙涨行情随之出现。

1945 年 12 月，高点 91.5 点；1947 年 1 月，低点 37.5 点。

1947 年 4 月，高点 46.5 点；1947 年 12 月，低点 30 点。这比 1943 年 12 月的最低点还低，说明以后的巴伦航空运输平均指数或高或低。

1948 年 4 月，高点 39.25 点；1948 年 11 月，低点 25.5 点。

1949 年 3 月，低点 25.75 点；1949 年 6 月，低点 32.09 点。该指数
站在了 1948 年 11 月的最低点之上，说明市场处于强势，反弹随之出现。

值得注意的是，巴伦航空运输平均指数的底部在过去的几年里逐步
抬高。

1938 年的低点是 7.5 点，1942 年的低点是 13.5 点，1948 年的低点
是 25.5 点，而到了编撰本书时的 1949 年 6 月时，低点是 32.09 点。巴伦
航空运输平均指数在过去的几年中不断上升，底部逐渐抬高，这是指数
走高的信号。我认为，航空股票将在下一轮的牛市中领涨。在这之中，
我看好的龙头股是美国航空公司（American Airline）、泛美航空公司
（Pan American Airways）、西北航空公司（Northwestern Airways）、东部航
空公司（Eastern Airlines）和大陆运输公司（Transcontinental）以及西部
航空公司（Western Airlines）。如果必须选出我认为最好的两家公司，那
么我会选东部航空公司和泛美航空公司。这些公司历来管理优秀，盈利
颇佳，将是未来的领涨股。我认为，一场大航空公司与小航空公司之间
的兼并收购不久就会出现，最终会由三至四家集团控制全美国的大航空
公司。若是出现兼并收购，航空公司的收益必将上升，业务也将迅速成
长，那些买进航空股票并持有的人，必将从他们的投资中获利颇丰。

小盘股

在过去的几年中，小盘股在牛市中往往涨幅惊人，远远超过大盘股。

小盘股的交易要求的资金量相对较少，当它们的供给减少时，不需要太大的买盘，就可以推动股价上扬。

乐趣制造公司

乐趣制造公司（Joy Manufacturing Company）是一家古老而稳健的公司，经营良好而且未被市场高估。1949 年，它的盈利大增，前景极佳，这家流通股小于 100 万股且盈利如此可观的公司在牛市中可能大幅上扬，我们在此回顾一下它的历史走势。

1941 年 9 月，高价 14 美元。

1942 年 8 月，低价 $7\frac{1}{2}$ 美元。

1943 年 6 月和 7 月，高价 $12\frac{1}{2}$ 美元。

1943 年 12 月，低价 $9\frac{3}{4}$ 美元。

1945 年 5 月，高价 $30\frac{1}{4}$ 美元。

1945 年 8 月，低价 $22\frac{3}{4}$ 美元。

1946 年 4 月，高价 34 美元；10 月，低价 $18\frac{1}{4}$ 美元。

1947 年 10 月，高价 $40\frac{1}{2}$ 美元。这是当时的天价，远高于 1946 年的高价，这说明其处于强势。

1948 年 2 月，低价 $31\frac{1}{2}$ 美元，在 1945 年 5 月的低价之上。

1948 年 6 月，高价 $43\frac{1}{2}$ 美元，比 1947 年 10 月的高价高 3 个点，创出新高。

1948 年 9 日，低价 $30^1/_2$ 美元，股价在 1945 年 5 月的同样价位上得到支撑，比 1948 年 2 月的低价低 1 美元。

1949 年 3 月，高价 40 美元，比 1947 年的最高价低。

1949 年 6 月，低价 $31^1/_2$ 美元，与 1948 年 2 月的价位相同，比 1948 年 11 月的低价高 1 个点。若该股站在了 $30^1/_2$ 美元之上，它就可以继续上攻；突破 $36^1/_2$ 美元，说明走势强劲；若是能达到 $40^1/_2$ 美元之上就意味着目标位提升，可能会继续上涨到 43 或 $43^1/_2$ 美元以上。买入这样的股票，并设置止损单锁定风险，当趋势反转向上时，你可能会获利很大。

专家解读

从第六章到第十一章，江恩所探讨的主题只有两个：时间与时机。

时间是夺走你一切财富的敌人，也是成就一切的天使。

很多人声称自己是长线投资者，但真正做到长期投资的人太少了，因为耐心地等待也许是一个考验人的孤独的游戏。

当贵的股票变得越来越贵，便宜的股票变得越来越便宜时，即使最有信心的人也可能会放弃他们的信念。

20 世纪 90 年代，很多投资者一直成功地抵抗了互联网泡沫的诱惑，但在那个泡沫即将破灭的关键时刻，却未能坚守原则而功亏一篑。对于两支股票的价格的相互关系，两种货币的相互关系，股票与可转换债券的关系，几种不同的利率之间的关系，不同商品的比价变动，等等。在一般情况下，聪明的基金经理们可以通过数学模型或者回归分析从中找到这样和那样的规律。举一个过分简单化的例子。在过去 10 年，甲股票一般比乙股票贵 40%，如果有一段时间，甲股票突然比乙股票贵了 70%，这时候就会有对冲基金抛空甲股票，买入乙股票，等待这种巨大的差距恢复到原来的 40%。但是，问题在于，世界上的例外太多了，这种差距不仅有可能得不到恢复，还有可能加大。

股票超越大盘的表现是源于两种主要因素，一种是估值优势，另一种是趋势惯性。

现实中，我们都喜欢买那些价格相对其内在价值便宜，并且开始逐渐好转的股票。

但是，这些股票在哪里呢？

热门股票赚钱，但追涨也可能是抬轿子，冷门、没有被发现的，可以赚大钱的股票去哪里了呢？那些最不受投资者青睐的行业、市场和资产类别通常包含价格最优惠的股票，个中原因也很简单，那就是因为没人想要得到它们。市场对它们的期望值或许低得让投资者们有相当大的获利空间。

成长股大师费雪说："如果当初买进股票的时候事情做得正确，则卖出时机几乎永远不会到来。"只要持股时间足够长就可以消除股票波动的风险？为什么很多投资者认为，只要你持股至少达到 20 年，股票投资就是安全的呢？在过去，评估的时间段越长，股票回报率的波动也就越小。

从任何特定的某一年来看，股票都是存在风险的。但从数十年来看，股票通常会以相当稳定的平均每年增长 9%～10% 的步伐走高。如果"风险"是指回报率偏离平均水平的可能性的话，那么这种风险实际上会在一个相当长的时间内逐步下滑。但投资股票的风险并不是回报率可能与平均水平的差异，而是你有可能在股票投资上血本无归。不管你持股多久，这种风险都不会消散，认为延长持股期限可以消除股票风险的想法是一种谬误。

时间可能会成为你的盟友，但也可能成为你的敌人。尽管较长的投资期限会给你带来更多从崩溃中复苏的机遇，但也会给你带来更多遭受崩溃的可能性。回顾美国的历史，1926 年（目前可查的完整数据始于这一年）—2007 年，股票投资长期年均回报率为 10.4%，从 2007 年市场见顶到 2014 年 3 月触底，只是使这一长期平均回报率略有下滑，从 10.4% 降至 9.3%。但如果 2007 年 9 月 30 日你在美国股市拥有 100 万美元的话，那么到了 2009 年 3 月 1 日你就只剩下 49.83 万美元。如果在一年半的时间内资金损失过半还不是风险，那又是什么？

如果你在熊市到来之前退休会怎样？正如许多财务顾问所推荐的，在这段时间内，如果你每个月拿出 4% 的财富用于生活开支，那么最后你的 100 万美元将剩下不到 46.5 万美元。这样的话，你大概需要增长 115% 才能回到当初开始时的资金水平，与此同时，你只剩下了不到一半的钱可用于生活。但时间也会与任何人为敌，而不只是退休人员。一名

50 岁的投资者可能会对 2000—2002 年美国股市下跌 38% 的情况感到不在乎，并告诉自己："我有充足的时间复苏。"他现在将近 60 岁了，即便在股市近期反弹之后（仍然较两年前下滑 27%），据估算，这位投资者的资产规模甚至比 2000 年初时还低 14%。他大概需要资产增长 38% 才能回到 2007 年的资产规模。对一名 40 岁的投资者，或是 30 岁的投资者，情况也是一样。简而言之，你不能单单指望时间能拯救你的美国股市投资。这就是债券、海外股票、现金和地产等投资品种的意义所在。

巴菲特的导师格雷厄姆（Benjamin Graham）在他的经典著作《聪明的投资者》（*The Intelligent Investor*）一书中建议，投资者应当在股票和债券间平均分配投资资金。格雷厄姆补充说，你的股票投资比例永远不应低于 25%（当你认为股票昂贵而债券便宜的时候），也不能高于 75%（当股票看起来价格低廉的时候）。即便是现在，格雷厄姆的法则仍然是一条不错的投资准则。如果最后时间与你为敌而不是为友的话，那么届时你会非常高兴地发现自己至少还在其他地方有一些钱。

江恩一再强调的是止损点的设置，一般情况下，投资者所拥有的股票一旦获利，他就会越看越高，越想越远。此时，唯一的办法就是放入保护利润的限价卖单，若股价继续上升则获利更多，万一市场突变急速下挫，获利目标仍能满足。

比如，一位投资者以 15 元的价格买入股票，并决定如果该股涨到 20 元就卖。然而，接下来发生的事就是大多数投资者所经历的了。当该股股价涨到 20 元时，这位投资者决定继续持有等着再涨几元。随后，该股达到 22 元，贪婪继续压倒理性。投资者继续持股待涨，但该股跳水又回到 18 元。该投资者又告诉自己，一旦再涨回到 20 元就全部卖掉。不幸的是，该股再也没涨回到 20 元，反而一路下滑。该投资者最终被他的情绪和挫折感压倒，在 14 元的价位卖掉了股票，由盈利转为亏损。当贪婪和情绪压倒理性判断的时候，投资者安全的投资准则就会被赌博一样的倾向所取代。结果首先是亏钱，投资损失是 1 元，而真正的损失实际上是 6 元，因为该投资者有机会在 20 元的时候卖掉，但却没有这样做。因此，知道何时卖出头等重要——正确的卖出可以让你在两个方面获益：第一，正确卖出有助于保住收益；第二，正确卖出可以减少遭受重大损失的可能性。

但时机的选择则有点玄妙。

不错，投资首要需面对不确定性，从统计上说，收益与风险是对称的，为获取高收益就要承担高风险，但现实中投资者常常忘记这一首要定律，面对股市的汹涌浪潮，自然心潮澎湃、难以自已。当然，同一个不确定性因素，对不同人而言其风险程度可能是不同的。同样的股票，在不同的时点介入，在不同的市场介入，在不同的点位和趋势介入也是不一样的，正如江恩认为的，研究得越深入，面临的风险相对就更小一些。不同投资风格对风险的感受也不同，一支股票如果上升趋势已经清晰，对趋势投资者来说，价格高的时候比价格低的时候风险要低，因为股价在底部时公司更可能面临破产风险；而对价值投资者者来说，价格高的时候要比价格低的时候风险要高，因为要付出更多成本获得同样的权益，安全边际显然要低。

专业的投资者可通过专业技能的提升，来降低自身所承担的风险，但无法完全消除这些风险，无论如何，你都需要做出一个选择。你做出选择的时候就要拥抱这个风险，挑战这个不确定性。固然，不确定性是资本市场与生俱来的特色。对投资而言，不确定性贯穿在投资的全部过程中，决定着投资收益。在充满不确定性的市场中进行理性投资，是获得理想回报的基础。

不确定性意味着挑战，但不确定性不是撞大运，人们通常并不喜欢不确定性，对于未知的莫名恐惧也随处可见。面对不确定性，投资者容易被各种不安情绪所左右，常常自乱阵脚，也就难以做出理性的投资决策，正如美国前总统罗斯福所言："我们唯一恐惧的是恐惧本身。"为克服投资中对未知的恐惧，投资者需要厘清资本市场不确定性的来源，并在相应决策方法论的指引下进行理性投资。可见，面对瞬息万变的资本市场，投资决策的时效性十分重要。在充分掌握信息，完成分析判断之后，投资者应当果断地实施投资决策。一味地瞻前顾后，心思游移，只会错失良机，投资效果也会大打折扣。江恩在这几章中，运用数据回顾分析法对市场趋势进行分析。通过他的图表绘制，我们知道了哪些股票、哪些板块经历了长时间大幅度上涨后又遇到利空，或者是在下跌过程中出现了利好，以及他们的时间周期和高低点位规律。在江恩的哲学中，投资方法大部分都是周期性的，从一个长期的角度来看，投资体系的框架和判断方法也是如此。虽然谁都无法保证你的未来。

赚钱靠的是耐心，每个市场参与者都受到一个共同弱点的诱惑：每次出手都想赢，这是投资者和投机者最大的心魔之一。

如果能在恰当的时候买进，并在恰当的时候卖出，当然会实现资金效率的最大化。但让人沮丧的是，做到这一点太难。投资大师查理·芒格曾说过："大多数人都不知道自己在投资什么，拼命挤进一个个火热的项目。但在我看来，这些项目并非他们想象得那样能赚钱。"

第十二章

看涨期权、看跌期权、认股权和权证

什么是看跌期权（Put）、看涨期权（Call）？如何买进和卖出期权？很多人对此还是懵懂无知的。

看涨期权

看涨期权是在 30 天、60 天、90 天或 180 天内以某个固定价格买入某种股票的权利。依照股价和市况，你将支付 140 ~ 250 美元作为权酬（Premium）。你在看涨期权止损失的最大限度是支付的权酬，在从你买进的那天起至期权到期日都是这样的。例如，假定你买入了美国钢铁公司（United States Steel）的执行价格是 22 美元的 6 个月到期看涨期权，并支付了 140 美元的权酬。6 个月内，无论美国钢铁公司如何下跌，你只会最多损失 140 美元的权酬。但如果美国钢铁公司在这 6 个月中的任何时候上涨至 30 美元，你就可以按 30 美元卖出这支股票，利润将是 800 美元减去买入期权的成本和股票交易的佣金。

如果你手中有美国钢铁公司 50 股的看涨期权且已获利。假定股票从 22 美元涨到了 26 美元，但是你认为它可能不会再涨了，那么你还可以卖空 50 股，这能使你获取一笔小小的利润，如果股价继续上扬，你可以用手中的 50 股多头仓位赚钱；另外，假定美国钢铁公司跌到了 23 美元，股价已跌得很低，你可以清空 50 股的空头仓位，赚取 3 个点的利润。然而这支股票此后可能又会开始上涨，并在期权到期日前涨到了 30 美元或更高，这样，你便可以获得 100 股股票带来的全部利润。

买入看跌期权或看涨期权的目的是为了保护投资，假定你持有美国钢铁公司股票的多头仓位，此时股价大约是 22 美元，你认为在今后几个月内，它可能会跌至 16 美元或 15 美元，你要保护你的投资，所以你买入了看跌期权（以 22 美元卖出股票的权利），并支付了 140 美元的权酬。不久，美国钢铁公司的股价果然跌到了 16 美元，而你在股票多头仓位上的损失仅仅是权酬。此时如果你认为股价会触底反弹，也可以买进股票，继续拥有股票多头头寸，而成本却降低了。

看跌期权

一份看跌期权是指你可以在期权的有效期内，以固定价格交割或卖出 100 股或更多股票的权利，而无论期权的有效期是 30 天、60 天、90 天还是 180 天。假定：克莱斯勒（Chrysler）的股价是 50 美元，而你认为它还会跌，因此你买入执行价是 50 美元的看跌期权，有效期为 180 天。你要为此支付 187.5～200 美元的权酬，这是你可能损失的全部资金。假定在 6 个月内，克莱斯勒股价跌到了 40 美元。你可以按 40 美元的价格买进股票，然后按 50 美元的执行价格交割，这样你的利润是 10 个点减去看跌期权的成本以及佣金。如果你钟情于克莱斯勒的股票，当其股价跌到 45 美元时，你认为股价已经很低了，那么这时你还可以买进 50 股来对冲此前买入的看跌期权。这样如果股价继续下跌，你可以靠买入的 50 股看跌期权赚钱。但如果股价调头上扬超过了 50 美元，你可以用靠 45 美元买进的 50 股获得超过 5 个点的利润。这就是所谓看跌期权或看涨期权的对冲交易（Trade Against Put and Call）。

当你买入看跌期权或看涨期权时，它是由某个股票交易所登记和担保的，因此无论股票的价格涨得多高或跌得多低，你总能够以你买入的看跌期权或看涨期权的执行价格交割。交易前不需要缴纳任何保证金且在股票交割以前你也只需缴纳例行的费用。经纪人都可以给你提供有关买入看跌期权或看涨期权的信息，并讲明在看跌期权或看涨期权交割或接受交割时要求缴纳的金额。看跌期权或看涨期权是通过经纪人进行交易的，通常可以在任何一天获得几乎任何活跃股的 30 天至 180 天后的报价。我认为看涨期权或看跌期权是有利可图的、安全的交易工具，因为你只是冒损失很小一笔钱的风险，而且你的最大损失也只可能是这么多，而一旦股票与你的预判同向运动，你的利润将是无限的。

认股权和权证

很多人不了解认股权（Right）和权证（Warrant）的含义以及如何进行交易。其实你可以用很小一笔钱买进存续期很长的权证，有些权证现在（1949年）可以一直交易到1955年。

权证是一种可以在一段固定的时间内买入某公司一定数量股票的权利，除了存续期长以外，它同股票的看涨期权一样。

纽约证券交易所经纪人可以提供权证的信息，并代为买卖，你会发现，在股市萧条时期买进权证是很值得的，此时股票的价位很低，因而权证的价位也很低；而在牛市尾声，股票价位高，你就可以用在萧条时期低价位买进的权证在高位抛售。

希望增加股本的公司发行权证不仅保证了控制权，而且起到了在一段时间内，以公司经营者同意的价格出售额外证券的作用。

权证的存续期较长，具有高杠杆优势，因此投资者和交易商实际上将其当作股票看涨期权来进行买卖。

这种杠杆特征使权证成为非常适合投机的介质，它在几年中的价格波幅都会大于普通股，这点从波动幅度的百分比上可以很明显地看出来。

还有就是若股价上涨，权证对于那些不确定何时进行追加却愿意进行投资的人非常有用。事实上，这类投资者会买入服票的看涨期权并为此支付权酬。

低风险、高利润

买进股票的权证，你可能遭受的最大损失是为购买权证支付的成本，若股票上涨，那么权证价格就会跟着上涨，这时，你可以直接从权证交易上赚钱，不必买入股票或执行权证。

下面是一些通过买进权证赚钱的例子。

三角洲公司

三角洲公司（Tri-Continental Corporation）是一家普通的信托投资管理公司，股票交易一直十分活跃。1941 年和 1942 年，其权证的价格低至 1/32 美元。但在 1936 年曾卖到过 $5^3/_8$ 美元。如果你在 1941 年或 1942 年投资 1000 美元，并买进这家公司的权证，那么你就有了 32 000 份权证。若你在 1946 年以 5 美元的价格卖掉，那么它们将值 160 000 美元，也就是在 4 年内，你用 1000 美元（减去很少的佣金）赚到了 159 000 美元。

梅里特—查普曼 & 斯科持公司

梅里特—查普曼 & 斯科持公司（Merritt-Chapman & Scott）是全美承包商中的佼佼者，承接各种建筑工程，在国外也有建筑项目。它的普通股交易十分活跃且每年派发 1.6 美元的红利。

在 1938 年、1939 年、1940 年、1941 年、1942 年和 1943 年，其股票权证曾跌至 $1/4$ 美元和 $3/8$ 美元，到了 1946 年，它们却卖到了 $12^1/_2$ 美元。当这种权证卖 $1/4$ 美元的时候，投资 1000 美元，就可以买到 4000 份权证，若在 1946 年以 12 美元的价格卖出，那么将收入 48 000 美元，也就是用 1000 美元的投资，获取了 47 000 美元的利润。

阿特拉斯公司

阿特拉斯公司（Atlas Corporation）是一家从事投资、信托和股权管理业务的公司。

1941 年和 1942 年其股票权证价格仅为 $1/4$ 美元。1946 年，其权证曾卖到 $13^5/_8$ 美元。1942 年，你在 $1/4$ 美元的价位上投资 1000 美元，可以买到 4000 张权证，1946 年初，这些权证可以卖 13 美元一张，总值达 52 000 美元，也就是在 1000 美元的投资上赚了 51 000 美元的利润。

上述股票权证并非个案，其他还有许多不同板块的股票权证也都曾经有过巨大的获利机会。

下面我们给出了一份清单（如表 12-1 所示），列出了纽约证券交易所和纽约场外交易所（New York Curb Exchange）交易活跃的权证和认股权，采用的都是 6 月 30 日前后的数据。

表 12-1　纽约股票交易所和纽约场外交易所中交易活跃的股票权证

股票名称	股票和权证的相对价格区间		当前价格
	日期	价格区间	
ACF 布莱尔公司	1944—1949 年		
股票		$2 \sim 19$	2
权证（1950 年 1 月 1 日到期，每张 $12\,{}^1/_2$ 美元；1955 年 1 月 1 日到期，每张 15 美元）		$3/4 \sim 11\,{}^1/_2$	0.75
海外能源公司	1942—1949 年		
股票		$1/4 \sim 199\,{}^1/_4$	$1\,{}^5/_8$
权证（任何时候每张都是 25 美元）		$1/32 \sim 174$	
阿特拉斯公司	1936—1949 年		
股票		$5\,{}^3/_4 \sim 34\,{}^3/_8$	20
权证（1950 年 2 月 1 日到期，每张 $17\,{}^1/_2$ 美元）		$1/4 \sim 13\,{}^5/_8$	$40\,{}^3/_8$
科罗拉多燃料与钢铁公司	1936—1949 年		
股票		$4\,{}^1/_2 \sim 25\,{}^8/_7$	$12\,{}^1/_2$
权证（1950 年 2 月 1 日到期，每张 $17\,{}^1/_2$ 美元）		$1/2 \sim 12\,{}^1/_2$	7/8
通用财富南方公司	1930—1949 年		
股票		$1/8 \sim 20\,{}^1/_4$	$3\,{}^1/_2$
权证（任何时候每张 30 美元）		$1/256 \sim 6\,{}^1/_4$	1/16

（续表）

股票名称	股票和权证的相对价格区间		当前价格
	日期	价格区间	
电力照明公司	1926—1949 年		
股票		$5/8 \sim 103\,^1/_2$	$24\,^3/_4$
权证（每张 25 美元）		$1/16 \sim 78\,^1/_8$	$8\,^1/_4$
胡思曼－利格尼公司	1945—1949 年		
股票（已经在 1949 年 7 月 1 日经过 2∶1 的拆股调整）		$9 \sim 18\,^1/_2$	$10\,^1/_4$
权证（1950 年 5 月 15 日到期，每张 8.45 美元）		$3\,^1/_2 \sim 14\,^3/_4$	4
梅瑞特·查普曼·斯科特公司	1936—1949 年		
股票		$1\,^1/_4 \sim 27\,^3/_4$	$18\,^1/_8$
权证（任何时候每章 28.99 美元）		$12.50 \sim 0.25$	$4.50 \sim 5.50$
尼亚加拉·哈德森公司	1937—1949 年		
股票		$7/8 \sim 16\,^7/_8$	$9\,^1/_2$
权证（任何时候每张 42.86 美元）		$1/32 \sim 3\,^3/_8$	$5/32$
三角洲公司	1930—1949 年		
股票		$5/8 \sim 20\,^1/_4$	$6\,^1/_4$
权证（任何时候每张 1.27 张 17.76 美元）		$1/32 \sim 9$	$2\,^1/_8$
联合公司	1930—1949 年		
股票		$3/16 \sim 52$	3
权证（任何时候每张 27.50 美元）		$1/256 \sim 30\,^7/_8$	$1/8$

（续表）

股票名称	股票和权证的相对价格区间		当前价格
	日期	价格区间	
沃德贝克公司	1945—1949 年		
股票		$8\,^3/_4 \sim 19\,^7/_8$	12
权证（1951 年 4 月 1 日到期，每张 12.50 美元；1955 年 4 月 1 日到期，每张 15 美元）		$2\,^3/_4 \sim 9\,^1/_8$	$2\,^3/_4$

第十三章

新发现、新发明

新发现或新发明总会在萧条后刺激经济发展和社会进步，并带来新的繁荣。富尔顿（Fulton）发明的蒸汽机和惠特尼（Whitney）发明的轧棉机就曾带来了发展的新时代。

1849 年，人们在加利福尼亚州发现金矿，并由此引发了一轮繁荣的浪潮，此后铁路这种新的运输方式带来了社会的巨大进步，它的兴建开拓了美国的中部和西部地区。

俗话说，"旧的不去，新的不来"。马车的消失为铁路这种新的运输方式的出现让开了道路。此外，还有许多新发现、新发明涌现，比如美国因发明新的炼钢工艺而成为工业国，并取得了巨大的经济增长。

20 世纪初，汽车的发明与发展变革了运输业，开启了新一轮给成千上万人带来就业机会的繁荣浪潮。接踵而至的是化学上的新发现与发明，比如人造纤维和其他化工产品，它们增进了社会的进步与繁荣。当经济萧条、情况异常糟糕的时候，某种新发现或新发明总能引发经济上的复苏以及新一轮繁荣。

莱特兄弟发明飞机，开启了新一轮繁荣浪潮，它使交通运输速度加快，这种伟大的运输方式使世界各地更紧密地连接在一起，并使人们以和平和经济发展的目的联合起来。飞机还能带来多大的繁荣尚需观察，但是它在各个运输领域内的作用正与日俱增，展现出了无限可能。飞机还有一个问题就是需要廉价、轻便的燃油，这个问题肯定会得到解决。燃油载荷下降之后，航空运输对于货运和客运来说都将成为便宜快捷的运输方式，这将有助于经济革新，带来另一波繁荣。

原子能

1945 年，美国靠研制的原子弹赢得了战争。虽然原子弹以许多人的生命为代价，给日本造成了巨大的破坏，但也缩短了战争的进程，拯救了无数本会因战争失去的生命。原子能的伟大可能超乎常人的理解，而且它可能足以解决飞机的大难题，能给飞机提供廉价的燃料。通过将现在的燃油负载转变为更有效的负载，可以极大地减轻飞机的重量。这不仅可以提速，还可以增加货物和乘客的数量，可以给乘客和货物更大的空间，因为飞机能以有限的体积储存更多能源。原子能的利用方法一旦得到完善，达到比人类发明的其他燃料都更低的成本，那么它就可能被批量生产，这将会变革航空运输业，并有助于促进繁荣。

不仅是原子能，太阳能、风能都可能在将来带来廉价的能源并使许多行业产生变革。这可以降低企业的成本，使消费者受益，让消费者以同样的价格获取更多的商品，以此增强购买力。众所周知，当成本与定价降低时，消费就会增加。当价格在可承受的范围内下降时，我们可以买更多东西。原子能是未来廉价能源的关键，这种新发现前途无量。

第十四章

大作手

1893 年至 1896 年间的大恐慌横扫全美，当时棉花在南方仅卖每磅 3 美分，被人们看作历史上最糟的时期之一，小麦和其他商品的价格也很低。至今我仍记得第一次遇到的囤积事件，芝加哥的莱特（Lighter）囤积小麦。莱特把小麦的价格从每蒲式耳①1.00 美元抬高到 1.85 美元。他积聚了大量的账面财富却最终破产。

从历史上的大作手那里，人们能够汲取的古老而珍贵的教训就是为何其在聚敛大量财富后却又破产。在莱特事件中，是未知因素导致了他的败落，他不相信芝加哥会有大量的小麦交割来打压价格，但阿默（Armour）比莱特要聪明，他用城际卡车来运小麦，打破了垄断，于是，莱特破产了。

没有人可以未卜先知，而且各种意外都可以使人们的财富得而复失、倾家荡产。我们从他人的错误中汲取的经验，可以让我们不再重蹈覆辙。

---

① 蒲式耳，BUSHEL，缩写是 BU，是一个计量单位。在美国，1 蒲式耳相当于 35.238 升（公制）。1 蒲式耳的油料或谷类的重量各异，即使同一种油料或谷物也因不同品种或产地实际换算而有些差别。　　　　　　　　　　　　　　　　　　　　　　——译者注

183

大多数股票或期货作手遭受损失都是因为失去了控制，他们渴求金钱带来的力量，妄想垄断市场。垄断行为把价格抬高，使消费者苦不堪言，结果几乎所有有此企图的人都落得了同样下场：破产了。

1903 年至 1904 年，当萨利（Sully）在棉花市场搏杀的时候，我也在。萨利通过买进棉花，在短期内赚到了几百万美元，但他犯了一个所有大炒家的通病，认为自己有很大的超级能量，他开始不切实际地抬高价格，结果，他爆仓并破产了。

西奥多·普莱斯（Theodore H. Price），另一位属于他那个时代的棉花大炒家，也犯了同样的错误。他因过度买入，以及对突发事件估计不足而破产。但值得称道的是，普莱斯后来东山再起，终成证券交易历史上一个伟大人物。他赚回了成百上千万美元，而且向债权人归还了数不清的钱。

另一个从几百美元起家，赚了成百上千万美元，然后破产的炒家是尤金·斯凯勒斯（Eugene Scales），斯凯勒斯为什么会在棉花市场上赚取成百上千万美元之后又步入谷底，直至最后破产？这一切都源于他的权力欲和控市野心，这和他以往小心谨慎的行事方式判若两人。当一个人靠少量的资金起家时，往往采用一套严谨的判断方法且小心谨慎，当他聚敛了大笔钱以后，就开始采用另一套与之前迥异的判断方法，他没有料到可能出现不测。斯凯勒斯是一个坚定的多头。他从未想过市场可能见顶，他相信棉花的价格会涨得更高，他不断买入棉花，最后爆仓破产，在贫困中死去。

杰西·利弗莫尔（Jesse L. Livermore）是他那个时代最大的投机商之一，在股票市场和大宗商品期货市场中赚了成百上千万美元。他爆过多次仓，也因此破产过几次，而且有几次他破产后还是把此前的负债都归还了。利弗莫尔是个可信的人，即使在他被破产法庭释放后，人们仍相信他能还债。我第一次见到利弗莫尔是在 1908 年，后来在 1913 年又再次见到他。当时他正通过默里·米切尔公司（Murray Mitchell & Company）做交易，这家公司后来倒闭了，我在这家公司中的投入也损失得干干净净。1917 年，当利弗莫尔重出江湖并赚到钱后，他不仅归还了我在默里·米切尔公司损失的那部分钱，而且把其他人的损失也一起补上，这是件荣耀的事情。

因为利弗莫尔的正直和诚实，所以我曾在 1934 年他再次破产时帮助过他，并说服其他人集资助其渡过难关。不久，利弗莫尔卷土重来再度赚钱。但是他的弱点之一是，他除了学习如何赚钱以外，对其他毫无兴趣。他从不学习保护资金的方法，他贪心，有权力欲，所以当他赚了一大笔钱以后，就不再稳妥地进行交易，他试图让市场跟着他的意愿走，而不是等待市场自然的趋势转变。利弗莫尔在赚了许多钱后自杀了，他死时事实上已经破产。为什么一个像利弗莫尔那样赚了成百上千万美元的人却不能保住财富？因为每次他都同样贪心，同样渴求希望像大人物那样操纵市场。他要支配一切，因此没有料到天有不测风云，意外确实出现了，且还会再出现，结果他输了钱。

E・A. 克劳福德博士，是又一位大人物和大作手，他赚过大钱也赔过多次。1932 年，他用几千美元东山再起并以超人的速度迅速致富。在 1933 年的市场高位时，据说他已经聚敛了 3000 万～5000 万的账面利润，他买进所有的食品类股票，不仅在美国，在国外也是深度介入股票市场。1933 年 7 月 18 日，克劳福德博士因为大宗商品期货市场的崩盘而破产。为何聚敛成百上千万美元的人却爆仓了？原因是他没有料到意外事件以及其他人可以抛出他买不完的谷物和其他大宗商品期货。他笃定地相信价格可以没有任何调整地上扬。结果，他不断地买进直至被迫平仓。在买进商品期货时，他完全忘记了当他用绵薄的资本起家时所遵循的规则，谨慎被抛到了九霄云外。

违背规则只会导致一种结果，就是失败。像其他所有炒家那样，他犯了过度交易的大忌。这是所有投机炒家最愚蠢的地方：过度交易，将谨慎忘得一干二净，从没有考虑特殊情况。

最近的一个重要的市场大作手是来自新奥尔良的乔丹（Jordan），据称他在 1946 年前以 300 美元起家，通过在棉花期货市场中买卖交易而积聚巨额财富。乔丹与所有炒家的命运一样——爆仓了。为什么？因为他相信棉花的价格会不断上涨，他预见不到顶部，也没有赚到钱。我听说乔丹夸口棉花会涨到南北战争时的每磅 1.89 美元，他忘记了或者根本不知道供求关系。他不停地买进，直至满仓，跟风者众多，大家一起买进，最后当大家都要抛售时，就没有了买家，所有人都是卖家。1946 年 10 月 9 日，10 月份的棉花期货合约从最高点 3928 点开始滑落，并在不到一个月的时间里跌到了 1946 年 11 月 7 日的 2310 点。乔丹输了个精光，他的追随者也损失了成百上千万美元，甚至连美国政府都不能阻止棉花市场下跌。为了救市，美国政府、交易所的会员和其他炒家要求安德森（Anderson）和克莱顿（Clayton）承接乔丹及其跟风者手中的棉花合约。

和其他大炒家类似，乔丹没有研究过市场，不知道何时价格会高得或低得离谱。如果他能仔细研究一下以往战时的棉花价格，尤其是第二次世界大战时的棉花价格——每磅 43 美分，7 月期权 4375 点，他本可知道棉花已处于不正常的价位。如果他回顾一下 1923 年的棉价，可以发现棉花曾在那一年 11 月 30 日在 $37^1/_2$ 美分左右见顶，并能从这些记录中了解到每磅 $37^1/_2$ 美分至 39 美分不是正常价位，这往往是战争情况下产生的畸形价格。如果他曾认真考虑这些因素，就可以在开始卖出多头合约保护盈利的同时，开出空仓再大赚一笔。如果他懂得市场规则和基本原理，就可以知道过去几周内棉花价格的微弱涨幅说明有人正在无限量地做空，而且他也可以在还能够脱身的时候开始放空。但是人类最大的敌人——贪婪，使他一直持仓至灾难发生，他像其他所有炒家那样功亏一篑，趋势反转，别人抛出的空单数量比他的购买能力大得多，追随者此时也起了推波助澜的作用，大家在很大程度上都跟着他的节奏做，当他想退出的时候，其他人也一起试图退出。

　　普通人、投机者、投资者或交易员可以从历史上这些积聚了成百上千万美元然后又输个精光的大作手身上学到什么呢？我们可以学到的教训是，这些炒家为什么会输钱，他们抛弃和违背了何种规则，如何才能不再重蹈他们的覆辙。知道了这些，他们就有了赚钱并保住盈利的机会。他们要学习的最重要的一条原则是：不要过度交易；要学的下一件事是：使用止损单。一份自动执行的止损单可以保住本钱还可以保住盈利，应当按客观的市场现实进行交易，消除贪婪和恐惧心理——这是交易者的天敌。如果仅凭贪婪买进并持仓，那么当你因恐惧而平仓时，则为时已晚。

　　事实是残酷的，我们必须坦然面对，任何想要在股票和商品交易中取得成功的人必须消除贪婪。你必须牢记市场趋势的变化，而且必须在趋势变化时做出相应的改变。为了获得成功，你必须学习过去证明是有效的那些规则，并在未来的市场中应用。

　　我之前回顾的是那些在历史上得而复失巨大财富的大作手，但凡事都有例外，遵守正确的投资规则，有些人不仅赚到了钱，而且保住了财富。

　　那些既赚了钱又保住财富的大作手是谁呢？伯纳德·布鲁克（Bernard Baruch）就是其中的一位。他已经年老退休，却仍拥有成百上千万美元，这之中的绝大部分是他靠股票市场中的投资和投机赚来的；本·史密斯（Ben Smith），是近几年发家的另一位炒家，他赚钱并守住了财富；伯特·卡斯特里斯（Bert Castles），也是赚了大钱并守住财富的一位大炒家，直至去世，他都非常富有。卡斯特里斯是怎么做到的呢？他在建仓的时候总是要在离买入或卖空价 5 点处设置止损单，如果判断失误，这可以限制他的损失；如果他判断正确，账面利润就会不断增长，直到他有确切的理由变现离场。

成功的投资者有明晰的计划和规则，并严格执行。如果你渴望成功，你就必须首先学习正确的规则并遵守。

我可以列举更多成功的投资者，他们赚钱并守住了财富。同那些赚钱却失去财富的投机分子相比，他们有什么不同之处？这个问题的答案是，聪明的炒家、投机商或投资者是那些恪守规则的人，他们不是莽夫，知道如何确定股票或大宗商品的价格趋势，并在正确的时候买进；知道何时获利了结；知道风云难料；从不过度交易；会在别人买进的时候卖出，在别人卖出的时候买进；不靠人云亦云和小道消息；知道必须恪守整套交易规则；知道从消息中去伪存真、遇事小心谨慎。这就是他们赚钱并守住财富的原因。

记住，任何投资者在交易时都可能犯错。如何纠错呢？答案是：设置止损单。这样可以减少损失。一个人除非知道在一笔交易中他的资金要冒多大的风险，否则他就不该开始投机，如果不知道这些基本的规则，那么他迟早会因为意外而爆仓。

描绘致富的瑰丽画面可不是我在华尔街摸爬滚打 45 年后写这本书的

目的。致富没有捷径可走。我的目的是告诉你事实并给你行之有效的规则，如果你能花时间学习并耐心等待机会，在正确的时候买或卖，那么你就能够取得成功。

在生活中，你投入多少就能收获多少。种瓜得瓜，种豆得豆。只有为知识肯花费时间和金钱，不自认为无所不知而坚持学习，你才能在投机或者投资中取得成功。我一直试图描绘事实，给出我在45年的股票和大宗商品期货交易中的经验，并指出会使人遭遇灾难的人性的弱点。投机是有利可图的职业。如果你遵守规则，意识到时刻可能会发生意外并有所准备，那就可以战胜华尔街并在大宗商品和股票市场中致富。

第十五章

未来的领涨股

道琼斯 30 种工业股平均指数从 1946 年的最高点下跌 25% 时，有些个股已经从 1945 年和 1946 年录得的高点下跌了 75% ~ 90%。股市的走势会先于经济周期 6 个月或以上。经济萧条时期，股市还会上涨吗？或许可以，这在过去已然出现，未来仍将出现。

航空股

目前，这个股票板块承受着比其他板块都要大的抛压，航空业是朝阳行业，尚不算过时，航空股迟早会上涨，迟早会出现飙涨的态势，它们将成为未来的领涨股。

以下是几支航空股在近几年的高点和低点。

美国航空	1945 年	高点	$95^1/_2$	1948 年	低点	6
贝尔飞机	1946 年	高点	$35^1/_2$	1948 年	低点	$10^3/_4$
班迪克斯航空	1945 年	高点	63	1949 年	低点	26
布莱尼夫航空	1945 年	高点	$37^1/_2$	1948 年	低点	6

| 东方航空 | 1945 年 | 高点 | 134 | 1949 年 | 低点 | 13 |

（拆股后 1946 年的最高价是 $31^1/_2$）

国家航空	1945 年	高点	$41^3/_4$	1938 年	低点	4
西北航空	1945 年	高点	$63^3/_4$	1949 年	低点	7
泛美航空	1946 年	高点	29	1948 年	低点	8
世界航运	1945 年	高点	79	1948 年	低点	$9^1/_2$
联合航空	1945 年	高点	$62^1/_2$	1948 年	低点	$9^1/_2$

其中，最值得买入的股票是东方航空、泛美航空和联合航空。

以下这些股票已下跌到了低位，并且有可能在下一轮牛市中上涨。

吉姆贝尔	1946 年	高点	$73^3/_4$	1949 年	低点	12
洛克希德	1946 年	高点	$45^1/_2$	1947 年	低点	$10^1/_2$
				1949 年	低点	$16^1/_2$
G·L. 马丁	1946 年	高点	$47^3/_4$	1949 年	低点	7
蒙哥马利	1946 年	高点	104	1949 年	低点	$45^1/_2$
普尔石油	1948 年	高点	42	1949 年	低点	$24^5/_8$
飞哥无线	1948 年	高点	$46^1/_2$	1949 年	低点	$25^1/_4$
标准石油	1948 年	高点	93	1949 年	低点	$60^1/_2$
斯派瑞	1946 年	高点	$40^1/_2$	1947 年	低点	17
美国橡胶	1946 年	高点	$80^1/_2$	1949 年	低点	33

通用汽车　　　1946 年　高点　$80^1/_2$　　　1946 年　低点　$47^1/_2$

　　　　　　　　1947 年　高点　$65^3/_4$　　　1948 年　低点　$15^1/_2$

　　　　　　　　1948 年　高点　66　　　　　1949 年　低点　$51^7/_8$

通用汽车在 1943 年的低点是 $48^3/_4$ 美元，此后股价逐步提升，有着良好的支撑，由此可以判断，除非通用汽车的股价跌破 $51^7/_8$ 美元并收在此价格之下，否则其股价仍将走高。1947 年和 1948 年，其股价呈现两次高点，因此，若股价收在 66 美元以上的话，其还将上涨。

特别推荐的股票

旗舰公司（Admiral Corporation）

1945 年 高点　$22^1/_2$　　1947 年　低点　6

1948 年 高点　$22^5/_8$　　1948 年　低点　7

1949 年 高点　$22^1/_4$　　1949 年　低点　$14^3/_4$

公司管理有序，盈利预期良好，该股在 1949 年 6 月的下跌中显示出了继续上涨的可能性，尤其是如果牛市来临的话。

哥伦比亚影业公司　　1945 年　高点　$45^1/_2$　　1948 年　低点　$7^1/_2$

联合法尔提公司　　　1946 年　高点　37　　　　1949 年　低点　$7^3/_4$

哥伦比亚影业公司自 1942 年开始，每年的底部都在抬升。

电力投资公司　　　1946 年　高点　$26^1/_2$　　　1947 年　低点　9

该股处于强势，公司每股净资产比股价高许多。1949 年底前，该股分红可能达每股 12 或 14 美元。该股底部不断抬升，目前保持在 $13^1/_4$ 美元附近，是从 1946 年高点下跌 50% 的位置，这是安全可靠的买点。若股价上涨到 16 美元之上，则说明走势非常强势，股价可能继续走高，估计会达到 25 ~ 26 美元。

上面特别推荐的股票会成为下一轮牛市的龙头。记住，买入股票时要设置止损单。如果股票在合理周期内表现不佳就要卖出，这样会把损失控制在最小范围内。

我在华尔街的经历可以追溯到 47 年前的 1902 年，岁月告诉我最无价的是时间，对时间最好的珍惜方式是用它来获取知识，知识远比金钱可贵。

本书中，我坦陈自己的股市规则和从未公开的秘籍，希望他人能够努力学习并运用这些规则。如果他们真能这样做，那么投机和投资将不再是赌博，而是可以赚钱的职业。

附录

关于读者投资问题的答复

成百上千的人经常写信来索要各种信息，为了不重复回答大量信件，我在下面将对一些人们普遍关心的问题给出答复。

杂志

许多人写信来问哪本杂志适合投资者或交易者阅读。

我们认为，《华尔街》杂志是获取市场信息最好的媒体渠道。《B. C. 福布斯》也很棒，它刊登了许多对于金融投资有益的文章。《纽约时报》每周出版的《编年信息》副刊则专注于金融事务，包含许多对交易者和投资者重要的信息。

报纸

投资者或交易者常问及哪份报纸更适合阅读。

《华尔街日报》是最好的金融报纸，它集中报道美国境内的股份公司和外国公司信息，客观报道美国国内新闻，农业与政治的内容等量齐观。

它是首家发布整套铁路股和工业股平均指数的媒体，这些指数的发布可以追溯到 1896 年。1914 年以来，《华尔街日报》持续发表债券平均指数；自 1928 年起，《华尔街日报》开始发表公用事业股平均指数。所有这些指数每天都被刊登出来，这些信息对于要坚持绘制不同股票群走势图的投资者和交易者来说弥足珍贵。

《华尔街日报》的另一个特征是，它每天都发表创年内新高的股票名单和创年内新低的股票名单。《华尔街日报》不发表任何含有暗示、谣言或者误导性的信息，只发表有助于投资者和交易者的可靠讯息。《华尔街日报》还发表股票的各种走势图，这对交易者非常有用，如果交易者不得不自己保存记录并绘制走势图的话，那将是一笔不菲的开支。

《纽约先驱论坛报》刊登不同股票群的平均指数以及其他对交易者有用的资讯。

《纽约时报》也设有自己的平均指数，这是一份值得投资者与交易者阅读的好报纸。

投资者与交易者要的是关于不同公司发展和财务报告的真相，而不是暗示、谣言。这些报纸都在纽约出版，尽力报道事实与真相。

股票与大宗商品

《巴伦周刊》是一份涉及各种金融事务并给每位投资者和交易者提供宝贵的资讯的优质杂志，尽管其价值和较低的订阅率并不相称，但它是值得订阅的周刊。

《芝加哥商业日报》是大宗商品领域报道的最佳媒体，每天都发布在芝加哥交易所交易的所有谷物的连续报价，一群优秀的作者每天和每周都分析股票和大宗商品期货价格，报道并评论关于股票和大宗商品的客观信息。

《商品年鉴》由位于纽约市海狸街 76 号的商品研究公司出版。这本每年定期出版的图书涵盖了几乎所有商品的统计信息，是提供可靠、准确的统计信息的最佳出版物之一。

股票中的零股交易与谷物期货的整批交易

交易者时常询问能否买卖零股（odd Lots），对于大多数纽约股票交易所会员经纪人来说都可以进行零股委托，他们中的大多数会直接买入股票或在任何账户用现金买入 1 股以上的股票。整批（Job Lots）或者以 1000 蒲式耳为单位的谷物则在芝加哥交易所交易。有些经纪人只处理整批交易，有些则不然。你可以询问任何一个芝加哥交易所的会员经纪人，看他们是否承接非整批或者低于 5000 蒲式耳的交易。芝加哥交易所以及新奥尔良棉花交易所都以 50 大包的棉花为单位进行交易，没有其他可靠的交易所会一次交易少于 50 大包的棉花。那些承接 10 大包棉花或更多的零散交易的交易所，通常是山寨交易所。对于在正规股票交易所或棉花交易所的非会员那里开设账户，交易者须慎重。

经纪人

人们致函询问我某某经纪公司是否可靠，我认为所有纽约股票交易所、纽约棉花交易所以及芝加哥交易所的会员都是可信的，交易者可把账户设在信誉可靠的交易所里。如果对经纪人有疑问，可以通过白氏公司（Bradstreet）、邓氏公司（R. G. Dunn）和毕晓普服务公司（Bishop service）获得信息。对于不是主要交易所会员的经纪人，可以通过你的银行或商业中介获得私人报告后再和他们开设账户。毕竟，你可能会在一家山寨交易所交易却毫不知情。

专家解读

金融市场的信息流通与否，对于投资者而言是十分重要的，若市场透明度低，投资者无法获得准确的信息，结果自不待言。但纵使市场透明度高，其信息亦是复杂且多变的。因此，准确的财经新闻对市场投资者是不可或缺的。财经记者的工作及责任，便是帮助散户或圈外人，更有效地解读市场信息，提升他们的投资水平。此举对提升市场的效率，甚至维护公平且公正的市场环境是十分重要的。当然其前提是市场本身必须具有一定的规模，而且法规允许财经记者有足够的空间发掘相关的财经新闻。

财经新闻已经是目前最重要的新闻类别之一，提到全球重要且具影

响的财经新闻报章或媒体，一般人自然想起《华尔街日报》（WSJ）和
《金融时报》（FT）。如果您稍加注意就会发现，《华尔街日报》和《金融
时报》，这两家在国际金融市场同具影响力报纸的总部分别位于纽约和伦
敦，两地同是全球两个最重要的金融中心。个中原因，自然不是巧合。

新闻报道会将重点放在 4w（when、where、who、what）上，而深度
报道则紧抓 why 和 how 这个问题。具体来说，优秀的报道应该包括 12 项
指标：事件、背景、有关资料、说明、原因、意义、过程、分析、前景、
时效、时态和建设性意见。这些都是我们生活中须臾不可离开的重要
信息。

在日常生活中，财经新闻的特点包括政策性、业务性、保密性。如
财经新闻常涉及政府政策性的议题，这些议题对投资者和读者往往有着
重要的影响。业务性方面，财经新闻常涉及一些公司的日常经营情况，
这些都是业务性报导。至于保密性，新闻报导往往有着不少所谓的独家
报导，这些报导往往具有震撼力，同时也是十分重要的。透过这些报道，
我们会发现，经济新闻充当着对各种不同利益主体、不同结构要素、不
同活动层面和不同行为环节的信息构结作用。它以相关信息的表达、传
输为主要表现形式，形成了对人类经济活动全方位、综合而立体的信息
报道。

在当下资讯发达、世界互联的时代，我们获取信息的时间一点也不
会比专业投资人士差许多。可以说，新闻是观察事件、获得体验的窗户，

可以延伸我们的视觉，使我们能够发现正在发生的事情而无需他人的介入；新闻是社会中及世界上所发生事件的镜子，尽管反映的角度和方向由他人决定；新闻会选择部分事实以引起特别注意，有意或无意地封锁其他观点或意见；新闻会指引道路并搞清令人迷惑或零散的东西；新闻是将信息或思想介绍给受众的论坛，常常可能引起反应或回馈；新闻是掌握信息的对话者，它不只传递信息，而且会以半互动的方式对问题作出响应。

面对涌来的信息大潮，最重要的是学会正确读懂、运用这些资讯；学会如何分析、如何让它们成为运载我们财富的"喷气机"。

· 好书推荐 ·

基本信息

书名：趋势投资——金融市场技术分析指南

作者：丁圣元 著

定价：118.00 元

书号：978-7-115-54580-0

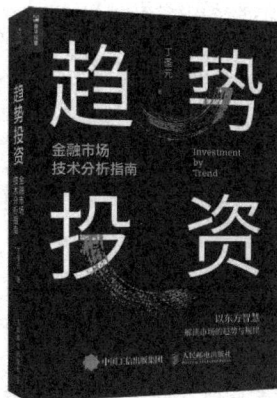

中国金融界的思想家和卓越实践者丁圣元先生

历时 10 年打造

30 年职业生涯的集大成之作

- 将日本蜡烛图技术和西方技术分析工具落地到每一天的交易当中。

- 3 阶段趋势走势模式分析。

- 5 大基础趋势分析工具系统讲解。

- 10 个买卖点形态交易指导。

- 332 张图形示例解读。

- 使您始终站在趋势一边，通过趋势演变来领会市场的本质，站在长期的视角来看待当下的变化，以行情的事实为依归，应对市场的不确定性，做出合理的交易决策。